Sabine Rödiger/Bernadette Lang/Patrick Knittelfelder

Lifestyle Jüngerschaft

12 Abende für das Fundament deines Lebens

Das Kleingruppenmaterial

SCM
R.Brockhaus

SCM

Stiftung Christliche Medien

SCM R.Brockhaus ist ein Imprint der SCM Verlagsgruppe, die zur Stiftung Christliche Medien gehört, einer gemeinnützigen Stiftung, die sich für die Förderung und Verbreitung christlicher Bücher, Zeitschriften, Filme und Musik einsetzt.

MIX
Papier aus verantwortungsvollen Quellen
FSC® C014496

4. Auflage 2023

Max-Eyth-Straße 41 · 71088 Holzgerlingen
Internet: www.scm-brockhaus.de; E-Mail: info@scm-brockhaus.de

Der Einfachheit halber wurde die männliche Form in diesem Buch gewählt. Dabei ist immer die weibliche Form mit eingeschlossen.

Umschlaggestaltung: Grafikbüro Sonnhüter,
www.grafikbuero-sonnhueter.de
Satz: Christoph Möller, Hattingen
Druck und Verarbeitung: GGP Media GmbH, Pößneck
Gedruckt in Deutschland
ISBN 978-3-417-26891-1
Bestell-Nr. 226.891

INHALT

VORWORT

Jüngerschaft ist ein Lebensthema. Ein Prozess, der dich und dein Umfeld verändert. Schritt für Schritt, nachhaltig und tief gehend.

Die Grundlage für dieses Kleingruppenmaterial ist das Buch »Lifestyle Jüngerschaft – Lege das Fundament deines Lebens«. Dort werden dir die Basics der Jüngerschaft in leicht verständlicher Sprache und mit vielen Beispielen aus dem täglichen Leben erklärt.

Die folgenden Seiten helfen dir dabei, das Wissen aus dem Buch mit den Erkenntnissen deines Lebens zu kreuzen. Was dabei herauskommt, nennen wir Durchbrüche. Da werden viele kleinere kommen und ab und zu richtig große. Solche Durchbrüche sind meist besondere Meilensteine auf deinem Weg mit Gott. Jüngerschaft heißt auch, die Kernaussagen und Lehren der Bibel systematisch und strukturiert ins Leben zu integrieren. Auch dabei hilft dir dieses Buch. Schließlich hat Jüngerschaft auch immer *mit* anderen Menschen, mit Freunden und zukünftigen Freunden zu tun. Deswegen ist dieses Material ein großartiges Werkzeug für Kleingruppen und Hauskreise.

Danke an Sabine Rödiger und Bernadette Lang, beide gehen seit vielen Jahren den Weg der Jüngerschaft, für diese wertvolle Arbeitshilfe.

Los geht's!

Patrick Knittelfelder

EINFÜHRUNG

Im Folgenden finden sich kurz und überblicksartig zusammengefasst einige Hinweise für das Setting eurer Kleingruppe. Wenn du Leiter oder Organisator der Abende bist, enthalten sie hilfreiche Tipps für dich. Als Teilnehmer kannst du sie gern überspringen. Wichtig: Fühlt euch frei, die Rahmenbedingungen etc. so anzupassen, wie es für euch passt! Auch die Inhalte der einzelnen Einheiten könnt ihr so abändern, wie es für eure Gruppe stimmig ist.

Ort

- Gemütlich hergerichteter Raum (am besten Wohnzimmer oder Ähnliches).
- Genügend Platz.
- Eine Küche in der Nähe ist von Vorteil.
- Wenn es einen zusätzlichen (Gebets-)Raum gibt, wäre es optimal.

Gruppe

- Gruppengröße: 4 bis 8 Teilnehmer sind optimal, wenn es mehr Leute sind, kann man bei manchen Einheiten die Gruppe gegebenenfalls teilen.
- Voraussetzung zur Teilnahme: Am besten sollten die Teilnehmer schon eine persönliche Beziehung zu Gott haben sowie Grundkenntnisse der Bibel bzw. in Glaubensfragen. Außerdem sollte jeder bereit sein, sich auf den intensiven Weg der Jüngerschaft einzulassen, was bedeutet, an sich zu arbeiten und sich herausfordern zu lassen.
- Gruppenzusammensetzung: Es empfiehlt sich, dass die Teilnehmer vom Alter her eher homogen sind. Die Gruppe kann gemischtgeschlechtlich sein. Manchmal ist es allerdings von

Vorteil, reine Mädels- oder Jungsgruppen zu machen (eventuell auch Aufteilung während eines Abends).

Rahmen

- Getränke und Snacks sollten an jedem Abend zur Verfügung stehen. Wenn es auch etwas Kleines zu essen gibt, umso besser – wechselt euch gegebenenfalls beim Mitbringen von Essen und Getränken ab.
- Jeder Teilnehmer sollte seine Bibel und dieses Buch zu den Treffen mitbringen.
- Regelmäßige Teilnahme ist wichtig und sollte hohe Priorität haben.
- Die Länge der Abende sollte auf zwei Stunden beschränkt sein. So weiß jeder, wie viel Zeit er ungefähr mitbringen muss.
- Die Einheiten sind immer gleich aufgebaut:
  - Get together (zusammenkommen): Gebetszeit und Austausch, ca. 40 Minuten
  - Get more (mehr bekommen): Bibelarbeit und Austausch, Einführung ins Thema, ca. 30 Minuten
  - Get over (überwinden): kurzer Input, Vertiefung des Themas durch eine Aktion, es stehen jeweils zwei zur Auswahl, ca. 40 Minuten
  - Get on (weitermachen): Vorschlag für ein Give-away, Aufgabe für zu Hause und Abschlussgebet, ca. 10 Minuten
- Im Anhang findest du für jede Einheit eine kurze Materialliste, damit du weißt, was für das jeweilige Treffen gebraucht wird. Dort befindet sich auch weiteres Material.
- Das Kleingruppenbuch folgt in Teilen dem Inhalt des Buches: »Lifestyle Jüngerschaft – Lege das Fundament deines Lebens«. Die vier Hauptthemen von Jüngerschaft: Vaterherz Gottes, Identität, Stimme Gottes hören und Jesus als Herr und König werden darin ausführlich behandelt. Im Kleingruppenbuch werden einige weitere zentrale Themen der Jüngerschaft aufgegriffen und vertieft.

Die folgenden Dos und Don'ts sollten am besten beim ersten Treffen mit der Gruppe besprochen werden.

Dos:

- Vertraulichkeit: Alles, was bei den Treffen besprochen wird, bleibt vertraulich, damit sich jeder sicher fühlen kann, wenn er persönliche Dinge von sich preisgibt.
- Wertschätzung: Jeder Mensch ist anders, hat Stärken und Schwächen. Die Treffen sollen von gegenseitiger Wertschätzung und Achtung geprägt sein.
- Zuhören: Jeder soll aussprechen dürfen. Die anderen hören aufmerksam zu.
- Gebet: Die einzelnen Abende und auch die Zeit dazwischen (so wie dein ganzes Leben) sollen von Gebet getragen sein.

Don'ts

- Kommentare und Ratschläge: Niemand sollte jemanden unterbrechen, während er redet. Das Gesagte sollte nicht kommentiert werden bzw. nur dann, wenn bewusst Raum dafür geschaffen wird.
- Predigen: Jeder sollte bei sich bleiben und dem, was ihn bewegt. Man sollte nicht versuchen, sich gegenseitig zu belehren.
- In der Kürze liegt die Würze: Damit jeder zu Wort kommt, ist es wichtig, dass nicht einer alle Redezeit bekommt und große Reden schwingt, sondern sich jeder so kurz und präzise wie möglich hält.
- Verurteilen und Kritisieren: Niemand sollte verurteilt oder kritisiert werden. Wer etwas auszusetzen hat, kann die Person persönlich ansprechen und erzählen, wie es ihr selbst damit geht. Meistens haben die Dinge, die wir an anderen kritisieren, sehr viel mit uns selbst zu tun. ;-)

WAS IST JÜNGERSCHAFT?

Jüngerschaft beginnt immer bei uns selbst. Es ist ein Prozess, der Zeit braucht. Wirkliche Abkürzungen gibt es nicht. Das Überspringen von Themen und »schnell mal drübergehen« erfreut nur kurzfristig. Man muss in die Prozesse rein. Rein und durch. Und das kann man nicht allein. Dafür braucht es Menschen, die mit dir diesen Weg gehen. Es braucht erfahrene Leiter, die Inhalt und Takt vorgeben, und es braucht Freunde, die begleiten. Einfach ausgedrückt: Es braucht Gruppen oder Gemeinden mit jüngerschaftlicher Ausrichtung.

Jüngerschaft – mit den wesentlichen Kernprozessen – ist keine Option! Es ist nicht die Frage: Bibelstudium, Lobpreisschulung, Evangelisation oder Jüngerschaft. Jeder Christ braucht Jüngerschaft. Selbst der Weg zum Priester oder Pastor kommt in Wirklichkeit nicht darum herum. Darauf baut alles Weitere auf. Sie ist einfach die Basis. Ohne Abkürzung. Ohne Ersatz. Sie ist das Prinzip, das Jesus uns gezeigt hat. Und sie wird unser Leben verändern, weil sie unsere gewohnten Prinzipien auf den Kopf stellt. Wir verwandeln uns in die Denkweise Gottes hinein (vgl. Römer 12,2).

Die Themen der Jüngerschaft können studiert werden. Man kann sich wunderbar kognitiv mit ihnen auseinandersetzen. Man kann sie von allen möglichen und unmöglichen Seiten betrachten. Das ist unbedingt gut und notwendig. Aber der wesentliche Teil des Prozesses findet mit anderen Menschen zusammen statt. Jüngerschaft ist kein Hörsaalprogramm, kein Fernstudium ohne Kontakt zu einer Community, sondern lebt von der Auseinandersetzung mit anderen Menschen. Das ist ein wichtiges Prinzip, das wir begreifen müssen, wenn wir von Jüngerschaft sprechen.

Jüngerschaft hat noch ein zweites Merkmal, das absolut wesentlich ist: eine sehr hohe Lernbereitschaft. Keiner der zwölf, so grundverschieden sie auch waren, war zufällig gewählt. Keiner stach durch besondere Geschicke oder Talente hervor. Keiner scheint besonders qualifiziert gewesen zu sein. Ganz im Gegenteil: Kaum jemand hätte sich diese Truppe zusammengestellt, um die ganze Welt zu retten. Und trotzdem wollte sie Jesus in seiner Crew dabeihaben. Sie waren keine Superhelden.

Das dritte Merkmal von Jüngerschaft heißt: Nachfolge. Es gibt einen Meister, dem man folgt. Jesus ist unser König und je besser wir ihn kennenlernen, umso leichter werden wir ihm auch vertrauen. Wir beginnen, Teil seines Reiches zu werden. Er enthüllt uns unsere wahre Identität und in der tiefen Intimität mit ihm bekommen wir ein großes Maß an Autorität verliehen. Jüngerschaft bedeutet, in den Fußstapfen Jesu, in seine Schule zu gehen.

Bist du dabei? Willkommen im Abenteuer Jüngerschaft![1]

---

1 Mehr zum Thema findest du im Buch »Lifestyle Jüngerschaft – Lege das Fundament deines Lebens«, v.a. in der Einleitung sowie den Kapiteln 1 und 2!

EINHEIT 1: KICK-OFF

1. Get together (zusammenkommen) – 40 Minuten

- Beginnt den Abend mit einem euch bekannten Lobpreislied – am besten Liedtexte austeilen. Anschließend kann der Leiter entweder frei beten oder folgendes Gebet sprechen:

Herr Jesus Christus, du hast zwölf Jünger auserwählt, um mit dir gemeinsam das Evangelium in die Welt hinauszutragen. Du hast sie gelehrt, bist mit jedem Einzelnen von ihnen einen Weg gegangen und hast ihnen gezeigt, wer du wirklich bist. Mach uns offen und bereit, dir zu folgen und diesen Weg der Jüngerschaft zu gehen. Amen.

- Gemeinsames Essen
- Kennenlernrunde
  - Stell dich kurz vor – mit Name, Beruf, Alter und Herkunft.
  - Wenn du ein Tier wärst, welches wärst du?
  - Wie bist du zur Gruppe gekommen und was motiviert dich, daran teilzunehmen?
- Erklärung Dos und Don'ts
  - Die Gruppenregeln (siehe Einführung) werden kurz besprochen.

2. Get more (mehr bekommen) – 30 Minuten

Einstieg: Was weißt du bereits über Jüngerschaft?

Jeder überlegt kurz für sich. Danach tauscht ihr euch darüber aus.

Lest gemeinsam folgende Bibelstelle:

Markus 3,13-19

Mögliche Austauschfragen

- Was sagt dieser Text über Jüngerschaft aus?
- Warum willst du ein Jünger Jesu sein bzw. werden?
- Welche Wege des Glaubens bist du bereits gegangen?
- Hast du ein bestimmtes Ziel, das du mit den Abenden in dieser Gruppe erreichen möchtest?
- Hast du einen Lieblingsjünger? Warum gerade diesen?

3. Get over (überwinden) – 40 Minuten

Input

Grundsätzlich ist jeder Mensch dazu berufen, ein Jünger Jesu zu werden. Das wird deutlich, wenn wir uns den sogenannten Missionsbefehl anschauen, in dem es heißt: »Macht alle Menschen zu meinen

Jüngern« (Matthäus 28,19). Er selbst hat sich einen engeren Kreis von zwölf Jüngern ausgewählt. Das sind aber nicht die einzigen, die in der Bibel als Jünger bezeichnet werden. An einer anderen Stelle lesen wir davon, dass er 72 andere Jünger aussendet (vgl. Lukas 10,1).

Jeder Mensch ist dazu berufen, ein Leben mit Gott zu leben und Zeugnis von ihm abzulegen. Manche tun das sozusagen »hauptberuflich« – man könnte sie mit den Leviten im Alten Testament vergleichen, die nur für den Dienst am Haus des Herrn zuständig waren –, andere engagieren sich für ihn, während sie einem ganz normalen Beruf nachgehen. Das Ziel jedoch ist bei allen das gleiche, nämlich ihn immer besser kennenzulernen, die persönliche Beziehung zu ihm zu leben, anderen Menschen von seiner Schönheit und Güte zu erzählen und schließlich sein Reich auf Erden zu verkünden. Die Voraussetzung für diesen Weg ist die Bereitschaft, sich in seine Schule nehmen, sich formen zu lassen und zu lernen, wie Gott die Welt, jeden einzelnen Menschen sieht und welchen Plan, welche Absicht er mit ihm verfolgt. Um all dies wird es in den nächsten Wochen und Monaten gehen.

Aktion: »Hier bin ich, ich bin bereit«

Wenn du dich auf den Weg der Jüngerschaft machen willst, ist es gut, deine Bereitschaft dazu auszudrücken. Das kannst du mit den folgenden Schritten tun.

1. Schritt: Singt gemeinsam ein Lobpreislied.

2. Schritt: Jemand liest 1. Samuel 3,1-10 vor.

3. Schritt: Anschließend spricht der Leiter ein Gebet und bittet den Heiligen Geist, dass er Sehnsucht nach mehr Freude am Glauben und die Bereitschaft zu diesem gemeinsamen Weg in die Herzen der Teilnehmer legt.

4. Schritt: Wer möchte, kann nun laut sagen (am besten reihum): »Hier bin ich, Herr, ich bin bereit.«

Alternativ- oder Zusatzaktion: »Brief an Gott«

1. Schritt: Du bekommst ein Blatt Papier und ein Kuvert. Schreib deinen Namen auf den Umschlag.

2. Schritt: Du hast nun ungefähr eine halbe Stunde Zeit, um Gott alles mitzuteilen, was du ihm sagen willst:

- Deine Wünsche, Ziele und Träume,
- deinen Dank,
- deine Bitten,
- deine Sorgen,
- alles, was dich gerade beschäftigt,
- deine Sehnsüchte,
- was in den nächsten Wochen und Monaten passieren soll, gerade auch durch diese Gruppe.

3. Schritt: Lege den Brief in den Umschlag und verschließe ihn. Beim letzten Treffen wirst du ihn zurückbekommen.

4. Get on (weitermachen) – 10 Minuten

Give-away

- Du bekommst heute ein Tagebuch. Es ist als geistliches Tagebuch zu verstehen, wo du alles, was du hier lernst, alles, was dich beschäftigt und vor allem deine Erfahrungen, deine Freude, dein Ringen, deine Fragen, deine Gebete, Bibelstellen hineinschreiben kannst. Notiere das, was Gott dir sagt und was du ihm sagen willst, das, was Menschen dir zusprechen usw. Es ist dein persönliches Buch.

Aufgabe für die Woche

- Nimm dir in der kommenden Woche jeden Tag 15 Minuten Zeit für Gott. Sprich mit ihm wie mit einem Freund: Erzähl ihm von deinen Erlebnissen, sag ihm das, was dich beschäftigt, bitte ihn, danke ihm, lies in der Bibel, singe Lobpreislieder. Du bist ganz frei, wie du diese 15 Minuten gestaltest. Am besten ist es, wenn du einen Zeitraum suchst, z.B. in der Früh oder am Abend, der dann deine regelmäßige Gebetszeit ist. Am besten notierst du dir die Termine gleich in deinem Kalender.

Einander mittragen

- Schreib deinen Namen auf einen Zettel und zieh anschließend einen. Bete für die Person und für ihren Weg der Jüngerschaft bis zum nächsten Treffen.

Abschlussgebet

- Sprecht als Abschluss dieses ersten gemeinsamen Abends das Vaterunser.

EINHEIT 2: DAS VATERHERZ GOTTES

1. Get together (zusammenkommen) – 40 Minuten

- Beginn mit Lobpreis (am besten thematisch passende Lieder, wenn bekannt). Der Leiter kann ein frei formuliertes Gebet sprechen oder ihr könnt gemeinsam folgendes Gebet sprechen:

Herr, du bist unser Vater. Wir wollen dich besser kennenlernen und bitten dich: Sei du in unserer Mitte und schenke uns deinen Heiligen Geist, damit wir verstehen können, wer du bist. Amen.

- Austausch
  - Welches Highlight- oder Lowlight-Erlebnis der letzten Woche möchtest du teilen?
  - Wie ging es dir mit deiner Zeit mit Gott? Hast du schon eine Zeit gefunden, in der du regelmäßig beten kannst?
- Sammelt Anliegen der Teilnehmer und betet dann füreinander in einer Gebetsgemeinschaft. Ihr könnt außerdem Dankgebete für Erlebnisse oder Begegnungen formulieren, die ihr in der letzten Woche hattet.

2. Get more (mehr bekommen) – 30 Minuten

Einstiegsfrage: Wer ist Gott für dich?

Jeder überlegt kurz für sich. (Ohne Austauschrunde)

Lest gemeinsam folgende Bibelstelle:

Lukas 15,11-32

Mögliche Austauschfragen

- Wie zeigt sich Gott in dieser Geschichte?
- Wie zeigt sich Gott in deinem Leben (z.B. als Vater, Freund, Tröster ...)?
- Wenn du der jüngere Sohn wärst – wie würdest du auf die Begrüßung vom Vater reagieren?
- Wenn du der ältere Sohn wärst – hättest du Verständnis dafür, wie der Vater den jüngeren Sohn willkommen heißt?
- Warum handelt der Vater so?

3. Get over (überwinden) – 40 Minuten

Aktion: »Gottesbilder«

1. Schritt: Es werden verschiedene Bilder von Gott in die Mitte gelegt. Nimm dir zwei Bilder, die für dich Gott und schwierige Erlebnisse mit ihm am besten beschreiben.

2. Schritt: Erzähle, warum du dich für diese Bilder entschieden hast, welches Gottesbild du hast und welche Erfahrungen du gemacht hast, die schwierig für dich sind, an Gott als guten Gott zu glauben.

Alternativaktion: »Namen Gottes«

1. Schritt: Schau dir die folgende Liste mit 40 verschiedenen Bezeichnungen für Gott an.

Herr	Vater	Licht	Strafender
Zorniger	Bester Kumpel	Ziel	Spinner
Cooler	Kraft	Liebe	Weg
Unverständlicher	Oberstes Prinzip	Allmächtiger	Verborgener
Helfer	Gewissen	Höhere Macht	Rächer
Zauberer	Schöpfer	Geist	Sinn
Frau	Jesus Christus	Big Brother	Ferner
Checker	Partner	Komischer	Ungerechter
Tröster	Irgendwer	Befreier	Barmherziger
Genie	Versager	Mensch	Star

2. Schritt: Streiche nun 20 Namen durch, die dir fern bzw. nicht vertraut sind.

3. Schritt: Streiche noch einmal 10 Namen weg.

4. Schritt: Von den verbliebenen Namen: Welche 3 Namen Gottes sind dir am nächsten? Wer ist Gott für dich?

5. Schritt: Austausch (kann auch in kleineren Gruppen erfolgen):

- Welche Namen hast du als Erstes weggestrichen? Warum?
- Welche Namen sind übrig geblieben? Warum?

Input

Wir Menschen tragen viele Vorstellungen von Gott mit uns herum. Auf einige weit verbreitete falsche Gottesbilder wird im Folgenden eingegangen, aber positiv formuliert. Z.B. glauben Menschen, Gott sei ein unpersönlicher Gott. Hier wird erklärt, dass Gott ein persönlicher Gott ist.

- Gott ist ein persönlicher Gott. In Genesis 1,29 steht: »Dann sprach Gott: Hiermit übergebe ich euch alle Pflanzen auf der ganzen Erde, die Samen tragen, und alle Bäume mit samenhaltigen Früchten. Euch sollen sie zur Nahrung dienen.« Schon ganz am Anfang redet Gott von »Ich«. Er spricht die Menschen als »Du« an. In der Bibel gibt es unzählige Geschichten, wie Gott mit den Menschen kommuniziert: durch persönliche Worte, in Träumen, Visionen oder auch mit einer hörbaren Stimme. Schließlich ist Gott in Jesus Christus selbst Mensch und damit ganz Person geworden. Ein unpersönlicher Gott könnte keine personalen Wesen erschaffen, geschweige denn mit ihnen in Beziehung treten, das wäre ein Widerspruch.
- Gott ist nicht abwesend. Jesus sagt im Johannesevangelium: »Bleibt in mir, dann bleibe ich in euch. Wie die Rebe aus sich keine Frucht bringen kann, sondern nur, wenn sie am Weinstock bleibt, so könnt auch ihr keine Frucht bringen, wenn ihr nicht in mir bleibt« (Johannes 15,4). Der Rebe ist womöglich nicht immer bewusst, dass sie am Weinstock hängt, noch hat sie den Weinstock ständig vor Augen, und trotzdem ist er da. Ein anderes Bild von der immerwährenden Gegenwart Gottes ist die Luft. Wir sind es gewöhnt, Luft um uns zu haben und zu atmen, aber wir sehen die Luft nicht und sind uns ihrer nicht immer

bewusst. So ist es auch mit Gott: Er ist immer da, aber wir nehmen ihn nicht immer wahr.

- Gott ist kein Automat. Im Philipperbrief heißt es: »Sorgt euch um nichts, sondern bringt in jeder Lage betend und flehend eure Bitten mit Dank vor Gott! Und der Friede Gottes, der alles Verstehen übersteigt, wird eure Herzen und eure Gedanken in der Gemeinschaft mit Christus Jesus bewahren« (Philipper 4,6-7). Gott ist nicht wie ein Automat: Geld rein, Cola raus – Wunsch Gott mitgeteilt, Wunsch erfüllt. Aber: Er sorgt für uns und gibt uns das, was wir brauchen, und deshalb ist es so gut und wichtig, dass wir ihm danken für all das, was wir haben, und ihn bitten für das, was wir brauchen, ja, auch um das, was wir uns wünschen. Und manchmal erfüllt er unsere Wünsche, aber es ist eben kein Automatismus. Außerdem sieht die Wunscherfüllung manchmal etwas anders aus, als wir es erwarten.
- Gott hat nur Lieblingskinder. Einer der zentralen Sätze in der Bibel lautet: »Denn Gott hat die Welt so sehr geliebt, dass er seinen einzigen Sohn hingab, damit jeder, der an ihn glaubt, nicht zugrunde geht, sondern das ewige Leben hat« (Johannes 3,16). *Jeden* Menschen, nicht nur bestimmte, hat Gott geliebt – das umfasst dieses Wort »Welt«. Dennoch hat er uns bestimmte Fähigkeiten und Aufgaben gegeben und zugewiesen, weil er eine Absicht und einen guten Plan für unser Leben, für das Leben jedes einzelnen Menschen hat. Wenn wir unsere Berufung erkennen, werden wir in Freude das tun, wofür er uns ausgestattet und wozu er uns berufen hat. Alle Gaben dienen dem Aufbau seines Reiches, dem Dienst an anderen Menschen und der Freude über uns selbst.
- Gott ist kein strafender Gott. Im Jakobusbrief lesen wir: »Denn das Gericht wird ohne Barmherzigkeit sein gegen den, der nicht Barmherzigkeit geübt hat. Die Barmherzigkeit triumphiert über das Gericht« (Jakobus 2,13; ELB). Gottes Barmherzigkeit ist größer als jede Schuld und Sünde. Die Geschichte Israels ist eine Geschichte von Vergebung. Die sogenannte »Strafe« ist

immer nur die Folge des Tuns; keine von Gott verhängte oder geschickte direkte Strafe, sondern eine von ihm zugelassene. Er hat Kain beschützt, obwohl er seinen Bruder umgebracht hat. Er hat selbst Mörder und Verfolger seines Namens wie z.B. Paulus dazu berufen, für ihn Zeugnis abzulegen und das Evangelium zu verkünden. Keine Schuld ist zu groß für ihn, dass er sie nicht vergeben könnte. Wir sollen keine Angst vor ihm haben, sondern dürfen glauben und vertrauen, dass wir trotz aller Schuld jederzeit Vergebung bei ihm finden.[2]

4. Get on (weitermachen) – 10 Minuten

Give-away

- Zum Abschied bekommst du eine Rose. Sie ist das Zeichen dafür, dass Gott leidenschaftlich um dein Herz wirbt und dich unendlich liebt, so wie du bist, mit allen Fehlern und Schwächen, mit allen Talenten, Fähigkeiten und Stärken.
- Nimm dir von den ausgedruckten Bibelversen aus dem Gleichnis vom verlorenen Sohn denjenigen mit, der dich am meisten anspricht.

Aufgabe für die Woche

- Wähle das falsche Gottesbild (siehe Input), das für dich am prägendsten in deinem Leben ist, und such dazu eine Bibelstelle, die es widerlegt. Lerne diese Bibelstelle bis zum nächsten Treffen auswendig.

Einander mittragen

- Schreib deinen Namen auf einen Zettel und zieh anschließend einen. Bete für die Person, besonders im Hinblick auf ihr Gottesbild, bis zum nächsten Treffen.

---

2 Mehr zum Thema findest du im Buch »Lifestyle Jüngerschaft – Lege das Fundament deines Lebens«, v.a. in Kapitel 3!

Abschlussgebet

- »Gott, du bist ______________________________.«
- Sag in einem kurzen Satz, wer Gott für dich ist.
- Anschließend erfolgt ein kurzes freies Gebet von denjenigen, die möchten.

EINHEIT 3: IDENTITÄT UND SELBSTANNAHME

1. Get together (zusammenkommen) – 40 Minuten

- Beginn mit Lobpreis (am besten thematisch passende Lieder, wenn bekannt). Der Leiter kann ein frei formuliertes Gebet sprechen oder ihr könnt gemeinsam folgendes Gebet sprechen:

Herr, du hast jeden Menschen von uns gewollt und wunderbar erdacht. Hilf uns zu verstehen, wer wir sind und dass du uns ins Leben hineingeliebt hast. Schenke uns deinen Heiligen Geist, damit wir uns sehen können, wie du uns siehst. Amen.

- Austausch
  - Welches Highlight- oder Lowlight-Erlebnis der letzten Woche möchtest du teilen?
  - Mit welchem falschen Gottesbild hast du dich zu Hause beschäftigt und welche Bibelstelle hast du gefunden, die dieses widerlegt?
- Sammelt Anliegen der Teilnehmer und betet dann füreinander in einer Gebetsgemeinschaft. Ihr könnt außerdem Dankgebete für Erlebnisse oder Begegnungen formulieren, die ihr in der letzten Woche hattet.

2. Get more (mehr bekommen) – 30 Minuten

- **Einstiegsfrage:** Wenn dich jemand fragt: »Wer bist du?« – was würdest du antworten?

Jeder überlegt kurz für sich. (Ohne Austauschrunde)

Lest gemeinsam folgende Bibelstelle:

Psalm 139,1-18.23-24

Mögliche Austauschfragen

- Was sagt der Verfasser darüber, wie Gott den Menschen gemacht hat?
- Kannst du glauben, dass das auch auf dich zutrifft? Warum? Warum nicht?
- Wie siehst du dich selbst?
- Was denkt Gott deiner Meinung nach von dir?
- Welche Stärken und Schwächen hast du?
- Was sagt dein bester Freund über dich?

3. Get over (überwinden) – 40 Minuten

Input

Warum lehnen wir uns selbst ab? Viele Gründe liegen in unserer Kindheit und Jugend: Unsere Eltern haben uns nicht genügend Aufmerksamkeit geschenkt, uns wurde oft gesagt: »Das kannst du nicht!«, wir haben Gewalt in unserer Familie oder im Freundes- und Bekanntenkreis erfahren. Schulkameraden haben uns gemobbt oder ausgeschlossen. All diese Dinge gehen nicht spurlos an uns vorbei. Die Folgen von Selbstablehnung sind weitreichend: Wir tun Gott, anderen Menschen und uns selbst damit Unrecht. Gott, weil wir nicht glauben und darauf vertrauen können, dass er uns wirklich wunderbar geschaffen hat. Anderen Menschen, weil wir oftmals beginnen, sie ebenfalls nicht zu akzeptieren oder runtermachen, um selbst besser dazustehen. Uns selbst, weil wir unsere Talente und Fähigkeiten vergraben und nicht glauben, dass wir schön, gut, wertvoll, einmalig und besonders sind.

Aber all dies sind Lügen! Denn Gott hat dich schön, gut, wertvoll, besonders und einmalig gemacht, wie wir im Psalm 139 gelesen haben. Dich wird es auf dieser Welt nicht noch einmal geben. Selbst Zwillinge, Drillinge, Vierlinge sind einmalig, auch wenn sie sich zum Verwechseln ähnlich sehen. Du bist unverwechselbar!

Gott gibt sich so viel Mühe, man muss nur in die Natur schauen: Hast du schon jemals zwei absolut gleiche, identische Grashalme gesehen? Wie genau schauen wir uns diese Grashalme überhaupt an? Um ehrlich zu sein: gar nicht. Aber Gott tut es! Und wenn er schon jeden Grashalm einmalig gemacht hat – wie einmalig erst jeden Menschen? Gott nimmt dich so an, wie du bist, ganz gleich, ob die Menschen es tun oder nicht. Trotzdem will er nicht, dass du so bleibst, wie du bist, sondern dass du der/die wirst, der/die du wirklich bist! Er will, dass du wächst und reifst und dich entwickelst.

Du bist alles Mögliche in deinem Leben: Kind, Elternteil, Tante, Onkel, Freund, Lehrer, Lernender, Autofahrer, Sportler usw. – man könnte diese Liste beliebig fortsetzen. Das Problem ist: Viele Menschen definieren sich über ihren Beruf, ihre Zugehörigkeit zu einer Gruppe, über das, was sie tun. Die wenigsten jedoch ziehen ihre Identität aus dem, was sie sind: nämlich geliebtes Kind Gottes (vgl. 1. Johannes 3,1). Das bist du zu allererst und zu allerletzt. Und wenn du Kind Gottes bist und Gott der König ist, dann bist du ein Königskind und hast eine Königswürde. Das ist deine grundlegendste Identität! Und daraus sollst du leben, egal was andere über dich denken und sagen. Das Wichtigste ist das, was Gott zu dir sagt. Und ja: Das kann auch durch Menschen geschehen. Aber Gott entmutigt dich niemals, stellt dich nicht bloß und schließt dich niemals aus seiner Liebe aus, denn er hat dich geschaffen, immer geliebt und gewollt: »Wie mich der Vater geliebt hat, so habe auch ich euch geliebt. Bleibt in meiner Liebe!« (Johannes 15,9).[3]

Aktion: »Selbsterkenntnis, Selbstannahme«

1. Schritt: Schreibe deine Stärken (Fähigkeiten und Talente) und Schwächen, positive und negative Charakterzüge auf:

____

____

____

2. Schritt: Sprecht anschließend im größeren oder kleineren Kreis – möglich ist auch zu zweit – darüber. Dabei können euch folgende Fragen helfen:

- Worüber freust du dich an dir?
- Was würdest du gern an dir ändern?
- Welche Fähigkeiten und Talente hättest du gern?
- Was hilft dir, dich selbst besser anzunehmen?

____

____

____

3. Schritt: Betet kurz dafür, dass Gott dem anderen zeigt, wer er wirklich ist und sich so annehmen kann, wie er ist, mit allen Stärken und Schwächen. Und dass er immer mehr er selbst werden kann.

3 Mehr zum Thema findest du im Buch »Lifestyle Jüngerschaft – Lege das Fundament deines Lebens«, v.a. in Kapitel 4!

Alternativaktion: »Rückenstärken«

1. Schritt: Klebt euch gegenseitig mit Krepp-Klebeband festeres Papier auf den Rücken.

2. Schritt: Schreib nun jeweils auf den Rücken der anderen, was du an ihnen schätzt, welche Stärken du an ihnen wahrnimmst, was sie für dich ausstrahlen. Versuche sie mit den Augen Gottes zu sehen. Was würde Gott sagen? Ehre die anderen damit, welche wunderbaren Charakterzüge, Fähigkeiten und Talente sie haben.

3. Schritt: Sieh dir dein eigenes Blatt an. Bist du erstaunt? Gerührt? Bestätigt? Wenn du willst, kannst du dir dieses Blatt an einer gut sichtbaren Stelle in deinem Zimmer/deiner Wohnung aufhängen (z.B. am Spiegel). So wirst du daran erinnert, wie wunderbar Gott (und andere Menschen) über dich denkt (denken).

➔ 4. Get on (weitermachen) – 10 Minuten

Give-away

- Du bekommst heute einen Liebesbrief, der an dich gerichtet ist, einen Brief von Gott an dich, bestehend aus vielen Zitaten der Bibel, in denen beschrieben ist, wie Gott über uns Menschen, wie Gott über dich denkt. Du kannst ihn dir in deine Bibel oder dein Tagebuch legen oder ihn an einen für dich gut sichtbaren Ort hängen, wo du immer wieder draufschaust.

Aufgabe für die Woche

- Suche dir eine Fähigkeit/ein Talent oder einen Charakterzug aus, an der/dem du gerne arbeiten möchtest und überlege dir zwei bis drei konkrete Schritte, wie du dies umsetzen möchtest. (Beispiel: Du bist ungeduldig. Nimm dir erstens vor, in entsprechenden Situationen ruhig zu bleiben und abzuwarten, und zweitens, nicht überzureagieren.) Fange bis zum nächsten Treffen damit an!

Einander mittragen

- Schreib deinen Namen auf einen Zettel und zieh anschließend einen. Bete für die Person, vor allem in Hinblick auf das Thema Selbstannahme, bis zum nächsten Treffen.

Abschlussgebet

- Sprecht einander zu: »_______________, du bist ein geliebtes Kind Gottes.« Der Leiter oder ein Teilnehmer spricht anschließend ein frei formuliertes Gebet.

EINHEIT 4: DIE STIMME GOTTES HÖREN

1. Get together (zusammenkommen) – 40 Minuten

- Beginn mit Lobpreis (am besten thematisch passende Lieder, wenn bekannt). Der Leiter kann ein frei formuliertes Gebet sprechen oder ihr könnt gemeinsam folgendes Gebet sprechen:

Herr, du sprichst zu uns Menschen und du liebst es, in Beziehung mit uns zu treten. Wir bitten dich, lass uns herausfinden, wie du zu jedem Einzelnen von uns sprichst, auf dass wir in eine tiefere Beziehung mit dir kommen. Schenke uns deinen Heiligen Geist und die Bereitschaft, auf dich und dein Wort zu hören. Amen.

- Austausch
    - Welches Highlight- oder Lowlight-Erlebnis der letzten Woche möchtest du teilen?
    - An welchem Talent/welcher Fähigkeit, welchem Charakterzug hast du in der letzten Woche gearbeitet? Wie sahen konkrete Schritte aus?
- Sammelt Anliegen der Teilnehmer und betet dann füreinander in einer Gebetsgemeinschaft. Ihr könnt außerdem Dankgebete für Erlebnisse oder Begegnungen formulieren, die ihr in der letzten Woche hattet.

2. Get more (mehr bekommen) – 30 Minuten

Einstiegsfrage: Wie hat sich Gott in der Vergangenheit dir gegenüber bemerkbar gemacht? Jeder überlegt kurz für sich. (Ohne Austauschrunde)

Lest gemeinsam folgende Bibelstelle:

Apostelgeschichte 9,1-18

Mögliche Austauschfragen

- Wie hat Gott zu Saulus, zu den anderen Männern und Hananias gesprochen?
- Wie spricht Gott sonst noch zu uns Menschen?
- Wie redest du mit Gott?
- Wie hat Gott zu dir in deinem Leben bereits gesprochen? Kannst du dich an ein bestimmtes Erlebnis erinnern?
- Nimmst du dir beim Beten Zeit, auch darauf zu hören, was Gott dir sagen will?
- Wie kannst du Gottes Stimme als seine Stimme identifizieren?

3. Get over (überwinden) – 40 Minuten

Input

Viele Menschen glauben, dass sie Gottes Stimme nicht hören können oder dass das nur bestimmten Menschen vorbehalten ist. Dabei will er mit *allen* Menschen in Kommunikation und Beziehung treten. Denn was wäre er für ein Vater, wenn er nur zu manchen seiner Kinder spräche?

Für jeden Menschen hat er einen oder mehrere Wege, wie er mit ihm redet: durch Träume, Visionen, eine innere Stimme, durch andere Menschen, Zeugnisse und Storys, durch Ereignisse, äußere Umstände, die Schöpfung, Charismen, das Gewissen und nicht zuletzt durch die Bibel. Jedem Menschen hat er die Fähigkeit gegeben, ihn zu hören. Aber erwarte nicht, dass er mit einem Lautsprecher vor dir steht oder du in den Wald gehst und plötzlich einen brennenden Dornbusch vorfindest. Das kann natürlich passieren, keine Frage. Aber Gott ist meistens in der Stille zu finden, im Verborgenen, dort, wo du mit ihm Intimität lebst.

Viele Dinge halten uns davon ab, uns Zeit für Gott zu nehmen und mit ihm ins Gespräch zu kommen: Beruf, Alltag, Familie, Medien, das Handy, selbst die ausgefüllte Freizeit und jede Menge anderer Ablenkungen. Er möchte aber Zeit mit uns verbringen, weil er unser Freund ist, weil er uns liebt.

Die Stimme Gottes zu hören hat außerdem auch etwas mit Einübung zu tun. So, wie es eine Zeit lang braucht, die Stimme von Menschen oder auch das Schreien des eigenen Kindes aus der Masse herauszuhören, so ist es auch mit Gottes Stimme. Es dauert, bis wir sie von unserer eigenen, der des Widersachers und anderen menschlichen Stimmen unterscheiden können. Aber es lohnt sich sehr, diese Zeit zu investieren, weil wir dadurch erstens selbst immer mehr erkennen, was der Wille und der Traum Gottes für unser Leben ist, weil wir zweitens anderen Menschen helfen und sie ermutigen können und weil wir drittens ihn selbst dadurch immer besser kennen- und verstehen lernen. Diese Intimität mit Gott führt uns immer mehr zu unserer Identität als seine geliebten Königskinder und schließlich auch in eine Autorität, mit der wir in seinem Namen viel bewirken können.[4]

Aktion: »Gegenseitig Gottes Stimme hören«

1. Schritt: Nimm dir einen Zettel und schreib deinen Namen auf eine Seite.

2. Schritt: Die Zettel werden gemischt und jeder bekommt einen – die leere Seite nach oben. Niemand weiß folglich, wessen Zettel er gezogen hat.

3. Schritt: Schließ die Augen. Einer betet um den Heiligen Geist.

4. Schritt: Höre nun auf Gottes Stimme in 5 Runden.

- 1. Runde: Bitte Gott, dir eine Farbe zu zeigen. Schreibe diese Farbe auf den Zettel. Gib deinen Zettel anschließend nach rechts weiter.
- 2. Runde: Bitte Gott, dir einen Gegenstand zu zeigen, und schreib ihn auf. Gib den Zettel anschließend wieder nach rechts weiter.
- 3. Runde: Bitte Gott, dir eine Landschaft zu zeigen. Wie sieht sie aus? Schreibe deine Eindrücke auf den Zettel. Gib ihn anschließend weiter.
- 4. Runde: Bitte Gott, dir ein Tier zu zeigen. Welches ist es und was verbindest du positiv mit diesem Tier? Schreib es auf. Gib den Zettel anschließend wieder weiter.
- 5. Runde: Bitte Gott, dir eine positive Eigenschaft zu sagen. Schreib sie auf den Zettel. Wartet nun, bis alle fertig sind.

Jeder Teilnehmer bekommt nun seinen Zettel zurück. Lest ihn und tauscht euch darüber aus:

---

4 Mehr zum Thema findest du im Buch »Lifestyle Jüngerschaft – Lege das Fundament deines Lebens«, v.a. in Kapitel 5!

- Was ist dein erster Eindruck, wenn du das liest?
- Erkennst du etwas wieder, das mit dir zu tun hat?
- Gibt es etwas, von dem du glaubst, dass Gott es dir sagen will?

____

____

____

Alternativaktion: »Erlebnisgeschichte: Gott begegnen«

Leg dich auf den Boden und setz dich bequem hin. Entspann dich und tauche in die Geschichte ein. (siehe Anhang)

Tauscht euch über eure Erfahrungen aus – in der großen Gruppe oder auch in zwei kleineren Gruppen:

- Wie ging es dir mit deiner Reise?
- Wie war deine Reaktion, als du Jesus gesehen hast?
- Was hast du zu ihm gesagt?
- Was hat er zu dir gesagt?
- Welches Geschenk hast du von ihm bekommen und kannst du etwas damit anfangen?
- Was kannst du von dieser Reise für dich mitnehmen?

____

____

____

4. Get on (weitermachen) – 10 Minuten

Give-away

- Du bekommst heute einen Kopfhörer. Er soll dich daran erinnern, dass Gott immer mit dir sprechen möchte und immer verfügbar ist.

Aufgabe für die Woche

- Nimm dir in der kommenden Woche jeden Tag 10 Minuten extra Zeit: Sprich ein Gebet, lade den Heiligen Geist ein, erzähle Jesus, was dich beschäftigt, und versuche seine Stimme zu hören: Bitte ihn um ein Wort, ein Bild, lies in der Bibel oder stell dir vor, wie du mit ihm an einem ruhigen Ort bist und redest – wie mit einem Freund. Bitte ihn für deine Anliegen und danke ihm.

Einander mittragen

- Schreib deinen Namen auf einen Zettel und zieh anschließend einen. Bete für die Person, und dass sie Gottes Stimme immer besser hören kann, bis zum nächsten Treffen.

Abschlussgebet

- Drück deine Bereitschaft aus, Gott ganz konkret in dein Leben sprechen zu lassen, indem du mit den Worten Samuels betest: »Rede, Herr, denn dein Diener hört« (1. Samuel 3,10). Anschließend kann der Leiter oder ein Teilnehmer ein freies Gebet sprechen.

EINHEIT 5: DAS KREUZ – ERLÖSUNG UND VERGEBUNG

1. Get together (zusammenkommen) – 40 Minuten

- Beginn mit Lobpreis (am besten thematisch passende Lieder, wenn bekannt). Der Leiter kann ein frei formuliertes Gebet sprechen oder ihr könnt gemeinsam folgendes Gebet sprechen:

Jesus, du bist für uns am Kreuz gestorben, damit wir erlöst sind vom Tod als Lohn der Sünde. Lehre uns, was das Geschenk der Erlösung bedeutet. Schenke uns deinen Geist der Geduld und der Weisheit, damit wir das tiefere Geheimnis des Kreuzes verstehen können. Amen.

- Austausch
    - Welches Highlight- oder Lowlight-Erlebnis der letzten Woche möchtest du teilen?
    - Wie ging es dir mit deiner Stillen Zeit in den letzten Tagen? Konntest du Gottes Stimme hören?
- Sammelt Anliegen der Teilnehmer und betet dann füreinander in einer Gebetsgemeinschaft. Ihr könnt außerdem Dankgebete für Erlebnisse oder Begegnungen formulieren, die ihr in der letzten Woche hattet.

2. Get more (mehr bekommen) – 30 Minuten

Einstieg: Wo hast du schon einmal Befreiung und/oder Vergebung erfahren?
Jeder überlegt kurz für sich. (Ohne Austauschrunde)

Lest gemeinsam folgende Bibelstelle:

Lukas 23,26-46

Mögliche Austauschfragen

- Was berührt dich, wenn du diese Bibelstelle hörst?
- Warum musste Jesus am Kreuz sterben?
- Was bedeutet der Tod Jesu am Kreuz für dich persönlich?
- Wo erfährst du in deinem Leben, dass Jesus sein Kreuz für dich getragen hat?
- Was hat Liebe mit Leiden zu tun und inwieweit gibt die Liebe dem Leiden einen Sinn?

3. Get over (überwinden) – 40 Minuten

Input

Das Kreuz ist das Zeichen der Christen überall auf der Welt, in allen Konfessionen und Denominationen. Jesus ist der Mittelpunkt des Kreuzes, weil er die Schnittstelle zwischen Himmel und Erde, Gott und Mensch ist (vgl. Epheser 2,13-16).

Wir Menschen tragen viele Kreuze, kleinere und größere, mit uns herum. Meistens geht es dabei um Krankheiten, materielle Nöte oder die Beziehung zu uns selbst, zu anderen Menschen oder zu Gott. Deshalb mögen wir Kreuze eigentlich auch nicht besonders, weil wir damit fast immer nur Last, Anstrengung, Schwere, Sünde und Tod verbinden. Dabei ist das Kreuz jedoch das Erlösungszeichen schlechthin, weil daran die größte Vergebung geschehen ist, die es in der Menschheitsgeschichte jemals gegeben hat und die es so auch nie wieder geben wird. Denn alle Schuld dieser Welt hat Jesus für uns am Kreuz getragen, alle Sünde dieser Welt ist am Kreuz hinweggenommen und für nichtig erklärt worden, wie es in Kolosser 2,14 heißt: »Er hat den Schuldschein, der gegen uns sprach, durchgestrichen und seine Forderungen, die uns anklagten, aufgehoben. Er hat ihn dadurch getilgt, dass er ihn an das Kreuz geheftet hat.« Alles Versagen – meines und deines – ist vergeben am Kreuz. Christus hat alles bezahlt mit seinem Tod am Kreuz. Das Hoffnungsvolle des Kreuzes ist außerdem: Wir sind nicht allein, wir müssen unsere Kreuze nicht ganz allein tragen, weil er sie mit uns trägt, manchmal sogar so, als ob die Last im wahrsten Sinne des Wortes von unseren Schultern abgefallen ist.

Und noch etwas Wunderbares: In der Erlösung am Kreuz scheint die endgültige Erlösung all unserer Trauer, Ängste, Depressionen, Schmerzen und Leiden im Himmel schon durch.

Aktion: »Schuld bekennen«

Jesus ist für unsere Sünden am Kreuz gestorben. Jeder von uns hat Schuld auf sich geladen. Es ist wichtig, dass wir uns dessen bewusst sind, umkehren und bekennen, was wir falsch gemacht haben.

1. Schritt: Setzt euch um das Kreuz in der Mitte.

2. Schritt: Du bekommst einen Zettel, auf den du schreiben kannst, was nicht in Ordnung war und was du Jesus hinlegen möchtest.

3. Schritt: Du kannst den Zettel entweder auf das Kreuz legen oder ihn draufnageln.

4. Schritt: Möchtest du eine bestimmte Person aus der Gruppe um Verzeihung bitten? Dann tu das jetzt. Am Schluss antworten die anderen: »Dir ist vergeben. Sei gesegnet.« Es liegt unglaublich viel Segen auf solch einer Bekenntnisrunde.

5. Schritt: Beschließt die Runde mit einem gemeinsamen Vaterunser.

Alternativaktion: »Vor seinem Kreuz«

1. Schritt: Setzt euch um das Kreuz in der Mitte.

2. Schritt: Du kannst nun die Kreuze, die du zu tragen hast, symbolisch in die Mitte vor das Kreuz bringen. Schreib sie stichwortartig auf einen Zettel. Verwende für jedes Kreuz einen eigenen und leg ihn dann dort ab.

3. Schritt: Nun wird für jeden Teilnehmer einzeln gebetet, dass die Kraft der Erlösung Christi das Leben erfüllt und es leichter fällt, durch das Licht der Auferstehung Jesu das persönliche Kreuz zu tragen.

4. Get on (weitermachen) – 10 Minuten

Give-away

- Du bekommst ein kleines Holzkreuz. Trag es in der nächsten Woche bei dir, damit es dich daran erinnert, dass du erlöst bist und Jesus für dich am Kreuz gestorben ist. Es soll dir auch helfen, dir immer wieder neu bewusst zu machen, dass du zu ihm gehörst.

Aufgabe für die Woche

- Nimm dir in den nächsten Tagen Zeit und überlege, ob es eine oder mehrere Personen gibt, die du um Verzeihung bitten oder denen du vergeben musst. Bitte Gott um Vergebung und darum, selbst vergeben zu können. Geh zu einer Person hin und bitte sie um Verzeihung oder sag ihr, dass du ihr vergeben hast.

Einander mittragen

- Schreib deinen Namen auf einen Zettel und zieh anschließend einen. Bete für die Person, besonders im Hinblick auf das Thema Vergebung, bis zum nächsten Treffen.

Abschlussgebet

- Zeichnet euch gegenseitig mit dem Daumen ein Kreuz auf die Stirn und segnet euch mit den Worten: »Sei gesegnet im Namen des Vaters und des Sohnes und des Heiligen Geistes.«

EINHEIT 6:
DIE PERSON DES HEILIGEN GEISTES

1. Get together (zusammenkommen) – 40 Minuten

- Beginn mit Lobpreis (am besten thematisch passende Lieder, wenn bekannt). Der Leiter kann ein frei formuliertes Gebet sprechen oder ihr könnt gemeinsam folgendes Gebet (eigentlich ein alter Liedtext, auch »Pfingstsequenz« genannt) sprechen:

Komm herab, o Heil'ger Geist, der die finstre Nacht zerreißt,
strahle Licht in diese Welt.
Komm, der alle Armen liebt, komm, der gute Gaben gibt,
komm, der jedes Herz erhellt.

Höchster Tröster in der Zeit, Gast, der Herz und Sinn erfreut,
köstlich Labsal in der Not,
in der Unrast schenkst du Ruh, hauchst in Hitze Kühlung zu,
spendest Trost in Leid und Tod.

Komm, o du glückselig Licht, fülle Herz und Angesicht,
dring bis auf der Seele Grund.
Ohne dein lebendig Weh'n kann im Menschen nichts besteh'n,
kann nichts heil sein noch gesund.

Was befleckt ist, wasche rein, Dürrem gieße Leben ein,
heile du, wo Krankheit quält.
Wärme du, was kalt und hart, löse, was in sich erstarrt,
lenke, was den Weg verfehlt.

Gib dem Volk, das dir vertraut, das auf deine Hilfe baut,
deine Gaben zum Geleit.
Lass es in der Zeit bestehn, deines Heils Vollendung sehn
und der Freuden Ewigkeit.

- Austausch
  - Welches Highlight- oder Lowlight-Erlebnis der letzten Woche möchtest du teilen?
  - Wen hast du in der letzten Woche um Vergebung gebeten bzw. wem hast du selbst vergeben?
- Sammelt Anliegen der Teilnehmer und betet dann füreinander in einer Gebetsgemeinschaft. Ihr könnt außerdem Dankgebete für Erlebnisse oder Begegnungen formulieren, die ihr in der letzten Woche hattet.

2. Get more (mehr bekommen) – 30 Minuten

Einstieg: Wer ist der Heilige Geist für dich?

Jeder überlegt kurz für sich. (Ohne Austauschrunde)

Lest gemeinsam folgende Bibelstelle:

1. Brief an die Korinther 12,1-11

Mögliche Austauschfragen

- Was wird im Bibeltext über den Heiligen Geist ausgesagt?
- Welche Charismen (griech. Gnadengaben) des Heiligen Geistes können uns geschenkt werden?
- Warum brauchen wir, warum brauchst du den Heiligen Geist?
- Wie hast du den Heiligen Geist in deinem Leben schon erfahren?
- Welche Gnadengabe(n) ist/sind dir schon geschenkt?
- Welche Gaben wünschst du dir vom Heiligen Geist?

3. Get over (überwinden) – 40 Minuten

Input

Der Heilige Geist ist eine der drei göttlichen Personen. Er ist ganz Gott. Er wird auch als die Liebe zwischen Vater und Sohn beschrieben. Schon im allerersten Vers der Bibel ist vom Geist Gottes die Rede. Dort heißt es: »Und Gottes Geist schwebte über dem Wasser« (Genesis 1,1). Und auch ganz am Ende der Bibel, im viertletzten Vers ist noch einmal vom Geist die Rede. Insgesamt wird in über 40 Büchern der Bibel vom Geist, den Gott gibt, bzw. vom Heiligen Geist gesprochen. Er ist also in der ganzen Bibel präsent.

Was der Heilige Geist »zu bieten« hat, sind zum einen die Gaben, wie sie in Jesaja 11,2 beschrieben sind (Weisheit, Einsicht, Rat, Stärke, Erkenntnis, Frömmigkeit und Gottesfurcht). Zum anderen sind es die Charismen, wie sie im ersten Korintherbrief beschrieben sind. Schließlich gibt es noch die Früchte des Heiligen Geistes. Diese sind: Liebe, Freude, Friede, Langmut, Freundlichkeit, Güte und Treue (vgl. Galater 5,22).

In unserem Leben hilft uns der Heilige Geist z.B. bei Entscheidungen als Erkenntnisbringer, im Bekenntnis unseres Glaubens als Ermutiger und Wortgeber, in schwierigen Situationen als Beistand und Ratgeber und in der Erkenntnis unserer Sünden, aber auch in der Erkenntnis unserer Gaben, Talente und Fähigkeiten als Einsichtsbringer. Er ist ein guter Begleiter und wir sollten immer auf ihn setzen und ihn bitten, dass er uns führt und leitet.

Aktion: »Gebet um die Ausgießung des Heiligen Geistes«

1. Schritt: Der Leiter oder ein Teilnehmer bittet in einem allgemeinen Gebet, dass der Heilige Geist kommt und wirkt.

2. Schritt: Jeweils zwei Teilnehmer beten für einen anderen Teilnehmer, dass der Heilige Geist auf ihn herabkommt, ihn erfüllt mit Liebe und Freude und er die Gegenwart Gottes spüren kann. Lasst euch beim Beten Zeit und gebt auch der erwartungsvollen Stille Raum.

3. Schritt: Tauscht euch aus.

Hast du den Heiligen Geist erfahren können?
Wie geht es dir jetzt?
Was wünschst du dir vom Heiligen Geist?

____

____

____

Alternativaktion: »Gebet um die Gnadengaben des Heiligen Geistes«

1. Schritt: Der Leiter oder ein Teilnehmer bittet in einem allgemeinen Gebet, dass der Heilige Geist kommt und wirkt.

2. Schritt: Jeweils zwei Teilnehmer beten für einen anderen Teilnehmer, dass der Heilige Geist ihm die Gabe(n) schenken möge, die er sich erbittet: Weisheit, Erkenntnis, Glaubenskraft, Heilung, Prophetie, Wundertaten, Unterscheidung der Geister, Zungenrede (= Sprachengebet), Auslegung der Zungenrede.

3. Schritt: Tauscht euch aus.

- Hast du den Heiligen Geist erfahren können?
- Wie geht es dir jetzt?
- Hattest du ein besonderes Erlebnis während der Gebetszeit?

4. Get on (weitermachen) – 10 Minuten

Give-away

- Du bekommst eine Packung Wunderkerzen. Sie sollen ausdrücken, dass der Heilige Geist kein »ruhiger Typ« ist, sondern dass sein Feuer Funken schlägt, die überspringen und beGEISTern.

Aufgabe für die Woche

- Überlege, was du selbst dazu beitragen kannst, die Gnadengabe, die du dir wünschst und erbittest, zu vertiefen und zum Brennen zu bringen. Wenn du z.B. um Glaubenskraft bittest: Such dir ein gutes Buch oder höre dir eine Predigt an, die dich bestärkt. Wenn du um die Gabe der Heilung bittest: Beginne, für Menschen, die krank sind, um Heilung zu beten. Und so weiter.

Einander mittragen

- Schreib deinen Namen auf einen Zettel und zieh anschließend einen. Bete für die Person und für eine Begegnung mit dem Heiligen Geist bis zum nächsten Treffen.

Abschlussgebet

- Richtet kurze freie Dankgebete an den Heiligen Geist oder betet die Pfingstsequenz (abgedrucktes Gebet am Beginn dieser Einheit) zum Abschluss, falls ihr sie noch nicht gebetet habt.

EINHEIT 7: FÜRBITTE

1. Get together (zusammenkommen) – 40 Minuten

- Beginn mit Lobpreis (am besten thematisch passende Lieder, wenn bekannt). Der Leiter kann ein frei formuliertes Gebet sprechen oder ihr könnt gemeinsam folgendes Gebet sprechen:

Herr, wir dürfen mit all unseren Sorgen, Ängsten, Nöten und Bitten zu dir kommen. Wir möchten heute ganz besonders in der Fürbitte eintreten für Menschen und die Welt. Schenke uns deinen Heiligen Geist, damit wir erkennen, wofür dein Herz schlägt, und lass unser Herz ebenfalls dafür schlagen und dich voller Leidenschaft darum bitten. Amen.

- Austausch
  - Welches Highlight- oder Lowlight-Erlebnis der letzten Woche möchtest du teilen?
  - Mit welcher der Gaben des Heiligen Geistes hast du dich in der vergangenen Woche auseinandergesetzt, sie vertieft, sie in die Tat umgesetzt?
- Sammelt Anliegen der Teilnehmer und betet dann füreinander in einer Gebetsgemeinschaft. Ihr könnt außerdem Dankgebete für Erlebnisse oder Begegnungen formulieren, die ihr in der letzten Woche hattet.

2. Get more (mehr bekommen) – 30 Minuten

Einstieg: Welches Unrecht auf der Welt trifft dich so ins Herz, dass du gern für die Betroffenen betest?

Jeder überlegt kurz für sich. (Ohne Austauschrunde)

Lest gemeinsam folgende Bibelstelle:

Matthäus 7,7-11

Austauschfragen

- Was wird im Bibeltext über das Bitten ausgesagt?
- Was macht Gott mit unseren Bitten?
- Worum bittest du Gott am liebsten?
- Worum hast du Gott noch nie gebeten? Und warum nicht?
- Welche Erfahrungen hast du mit Fürbitte schon gemacht?
- Für welches Anliegen brennt dein Herz?

3. Get over (überwinden) – 40 Minuten

Input

Das englische Wort »Intercession« (= Fürbitte) kommt vom lateinischen »intercedere«, was so viel heißt wie »dazwischentreten«. Das heißt, wir treten ein für Menschen und Länder, für Gerechtigkeit und dafür, dass die Welt heiler wird. In dem Lied »Hosanna« von Hillsong heißt es: »Break my heart for what breaks yours«, auf Deutsch: Lass mein Herz für das brechen, was dein Herz bricht. Das ist der Grund, warum wir Fürbitte machen. Gott ist es nicht egal, was auf dieser Erde geschieht, und er lädt uns ein, daran mitzuwirken, dass sein Reich auf der ganzen Erde immer bekannter und größer wird, dass es durchbricht und immer mehr Wirklichkeit wird. Er lässt uns damit Anteil haben an seinem Herzen, seiner Sehnsucht und seinem Plan vom Heil jedes einzelnen Menschen und der ganzen Welt. Wenn wir Fürbitte tun, stehen wir vor seinem Thron und wirken so mit an seinem Heilsplan. Wenn Menschen, die nicht glauben (können), machtlos vor dem Leid stehen, so haben wir die Möglichkeit, in der Kraft des Gebetes etwas zu tun. »Betet ohne Unterlass«, heißt es in 1. Thessalonicher 5,17. Das Gebet und die Fürbitte sind die grundlegendsten Voraussetzungen für dein Leben mit Gott, für deinen Dienst an den Menschen und für eine heile Beziehung zu dir selbst. Wir sollen füreinander beten, das ist ein biblischer Auftrag (vgl. Jakobus 5,16).

Gott sagt uns zu, dass er unsere Gebete erhört, und er liebt es, uns das zu geben, was wir brauchen. Unsere Fürbitte ist dann effektiv, wenn wir im Willen Gottes bitten, unsere Motive lauter sind, wir beharrlich sind im Gebet und wir aus dem Glauben heraus bitten. Unsere Fürbitte ändert den Willen Gottes nicht, aber sie bewirkt, dass der Wille Gottes geschieht. Unsere Gebete sind niemals sinnlos und bleiben niemals ungehört.

Aktion: »Fürbitte in der Kleingruppe«

1. Schritt: Überlege dir zwei Themen, die dir auf dem Herzen liegen, für die du gern beten möchtest.

1. ____

2. ____

2. Schritt: Alle Anliegen werden zusammengetragen. Entscheidet gemeinsam, für welche(s) Themen/Thema ihr in die Fürbitte eintreten wollt. Vielleicht gibt es auch mehrere ähnliche Themen, die ihr gut zusammenfassen könnt.

3. Schritt: Fürbitte hat sehr viel Kraft und Macht und es gibt aus geistlicher Sicht gesehen Widerstände, die uns davon abhalten wollen, in die Fürbitte einzutreten. Deshalb geht als Vorbereitung auf die eigentliche Fürbittzeit nach den sogenannten »5 S« vor – jeweils ein Teilnehmer kann eins dieser »S« übernehmen:

- **Sin (= Sünde):** Ein Teilnehmer bittet stellvertretend für die gesamte Gruppe um Vergebung der Sünden.
- **Self (= ich selbst):** Ein weiterer Teilnehmer formuliert ein Hingabegebet an Jesus Christus und spricht dabei aus, dass wir und unser Leben Jesus gehören.
- **Satan (= Satan):** Ein Teilnehmer widersagt im Namen aller Teilnehmer dem Bösen und all seinen Verführungen.
- **Spirit (= Geist):** Ein weiterer Teilnehmer bittet den Heiligen Geist, der Gruppe zu zeigen, für was genau und wie man beten soll.
- **Silence (= Stille):** Hört nun auf die Stimme Gottes. Falls jemand einen Eindruck hat, wofür genau bei einem Anliegen gebetet werden soll, teilt er ihn kurz mit. Einer von euch kann diese Gedanken mitschreiben (z.B.: Das Anliegen ist Frieden. Konkrete Aspekte davon sind z.B. Versöhnung, Eingreifen von Politikern oder der Wille zum Frieden in den Herzen der Menschen).

4. Schritt: Betet nun leidenschaftlich, laut, aus tiefstem Herzen, fleht, singt, betet inbrünstig das Anliegen durch. Habt keine Angst, wie ihr formulieren sollt. Gerade kurze Sätze bergen viel Kraft in sich. Ihr könnt auch die Bibel hinzunehmen und z.B. als Hilfe mit den Psalmen oder einer anderen Bibelstelle beten. Ihr könnt nacheinander oder auch durcheinander beten.

5. Schritt: Tauscht euch aus.

- Wie ging es euch mit dem freien Fürbittgebet?
- Habt ihr etwas wahrgenommen an Gefühlen, Atmosphäre oder Durchbrüchen?

____

____

____

Alternativaktion: »Fürbitte in Stationen«

1. Schritt: Bittet gemeinsam den Heiligen Geist, wofür und für wen ihr konkret beten sollt und tragt es zusammen. Anschließend kannst du dich im Raum frei bewegen und von Station zu Station gehen, wie du möchtest.

1. Station: Menschen

- Bete an dieser Station ganz konkret für Menschen, die du auf dem Herzen hast, entweder indem du freie Gebete sprichst oder auch nur die Namen von Menschen vor Gott bringst. Gegebenenfalls kannst du eine Kerze für sie entzünden. Möglich ist es außerdem, Eindrücke für bestimmte Menschen zu erbitten, diese aufzuschreiben und ihnen später zukommen zu lassen.

2. Station: das eigene Land

- Hier kannst du für dein Heimatland beten, gern auch ganz konkret für deinen Heimatort, den du markieren kannst, wenn du möchtest. Möglich ist es außerdem, Eindrücke für dieses Land, für diesen Ort zu sammeln und aufzuschreiben.

3. Station: ein fremdes Land

- Bete für ein fremdes Land, das dir am Herzen liegt. Du kannst das Land entsprechend markieren. Möglich ist es außerdem, Eindrücke für dieses Land zu sammeln und aufzuschreiben.

4. Station: ein Herzensanliegen

- Bete für ein Anliegen (z.B. Prostitution, Abtreibung, Jugendliche, Einheit der Kirche etc.), das du auf dem Herzen hast, wo du eine heilige Wut spürst, wofür du Gerechtigkeit oder Befreiung ersehnst. Schreib es auf einen Zettel. Die Zettel kannst du vor das Kreuz oder die Christusikone legen. Auch hier ist es möglich, Eindrücke zu sammeln und aufzuschreiben.

5. Station: Persönliches Anliegen

- Hier kannst du nun für dich persönlich ein Anliegen formulieren. Höre auf Gottes Stimme und was er dir sagen möchte. Schreib es auf.

2. Schritt: Tauscht euch aus.

- Was hat Gott gesprochen in den verschiedenen Anliegen?
- Wie ging es dir während der Fürbittzeit?

____

____

____

4. Get on (weitermachen) – 10 Minuten

Give-away

- Du bekommst ein kleines Notizbüchlein, in das du alle Anliegen zusammen mit Eindrücken und auch deinen Dank hineinschreiben kannst. Gemäß Philipper 4,6 gehören Dank und Fürbitte eng zusammen. Es soll dir helfen, nicht zu vergessen, was Gott in deinem Leben tut, und dass du immer für die Linderung der Leiden und Ungerechtigkeiten betest, die dein und Gottes Herz brechen.

Aufgabe für die Woche

- Überleg dir ein Anliegen, für das du in der nächsten Woche jeden Tag betest. Schreib dazu Eindrücke auf. Schreib außerdem jeden Tag zwei bis drei Dinge in dein Notizbüchlein, für die du dankbar bist.

Einander mittragen

Schreib deinen Namen auf einen Zettel und zieh anschließend einen. Bete für die Person und für ein persönliches Anliegen von ihr bis zum nächsten Treffen.

Abschlussgebet

- Betet stellvertretend für alle Anliegen gemeinsam das Vaterunser.

EINHEIT 8: DER SIEG ÜBER DIE GEDANKEN

1. Get together (zusammenkommen) – 40 Minuten

- Beginn mit Lobpreis (am besten thematisch passende Lieder, wenn bekannt). Der Leiter kann ein frei formuliertes Gebet sprechen oder ihr könnt gemeinsam folgendes Gebet sprechen:

Herr Jesus, du hast immer gute Gedanken über jeden Menschen. Aber unsere Gedanken sind verwirrt, von Urteilen, Zweifeln und Missgunst geprägt. Wir bitten dich, lass uns Anteil haben an deinen Gedanken und zeige uns, wie wir den Kampf gegen negative Gedanken gewinnen können. Amen.

- Austausch
  - Welches Highlight- oder Lowlight-Erlebnis der letzten Woche möchtest du teilen?
  - Wie ging es dir mit dem Dank- und Fürbittgebet in den letzten Tagen? Was hat Gott zu dir gesprochen?
- Sammelt Anliegen der Teilnehmer und betet dann füreinander in einer Gebetsgemeinschaft. Ihr könnt außerdem Dankgebete für Erlebnisse oder Begegnungen formulieren, die ihr in der letzten Woche hattet.

2. Get more (mehr bekommen) – 30 Minuten

Einstieg: In welchen Bereichen bist du dem Kampf der Gedanken besonders ausgeliefert?

Jeder überlegt kurz für sich. (Ohne Austauschrunde)

Lest gemeinsam folgende Bibelstelle:

2. Brief an die Korinther 10,3-5

Mögliche Austauschfragen

- Was sagt der Text, was wir gegen negative Gedanken tun können?
- Welche negativen Gedankenmuster kennst du von dir?
- Wie könnten solche nicht-weltlichen Waffen aussehen, die uns im Kampf gegen negative Gedanken helfen?
- Welche Möglichkeiten nutzt du, um gegen wirre, negative und dich deprimierende Gedanken vorzugehen?

3. Get over (überwinden) – 40 Minuten

Input

Vielen Menschen ist die geistliche Welt fremd oder sie glauben nicht daran. Andere können sehr genau wahrnehmen, dass die sichtbare Welt nicht alles ist, was uns umgibt. Das fängt schon damit an, dass manche Menschen, die einen Raum betreten, sehr schnell spüren, wie die Stimmung ist. Manchmal sprechen wir davon, dass in diesem Haus oder jener Gruppe »ein guter Geist« herrscht.

Wir haben gelesen, dass unser Hauptkampf nicht darin besteht, gegen Fleisch und Blut zu kämpfen, sondern gegen das Böse, gegen die geistliche Welt. Jesus selbst wurde vom guten Geist in die Wüste geführt und dort vom bösen Geist bzw. vom Teufel selbst in Versuchung geführt (vgl. Markus 1,13ff).

Es ist interessant, dass wir zwar große Sehnsucht nach Gott haben, aber oftmals wenig Lust darauf, Zeit mit ihm zu verbringen. Dahinter steckt kein böser Wille unsererseits, sondern der böse Wille des Widersachers. Und er hat damit immer wieder Erfolg. Der Böse versucht außerdem alles, um uns niederzumachen. Er greift fast immer dort an, wo wir am verletzlichsten sind, und das betrifft bei den meisten Menschen die Gedanken. Wir glauben so viele Lügen über uns, zum Beispiel dass wir nicht schön sind, dass wir nichts wert sind, dass wir nicht gut genug sind usw. Und auch zwischenmenschlich greift er dort an, wo z.B. Konflikte nicht ausgesprochen sind. Er verbreitet schlechte Stimmung, Missgunst, Neid, Angst und versucht uns so gegeneinander aufzuhetzen.

Wenn man diesen Hintergrund kennt, ist leichter verständlich, warum es so viel Unglaube, so viele Suizide und so viel Streit und Krieg auf der Welt gibt. Aber wir sind nicht machtlos! Er hat uns sehr viele Möglichkeiten gegeben, genau dagegen anzukämpfen und unsere Autorität und Kraft in Jesus Christus wahrzunehmen. Das ist die Waffenrüstung Gottes, wie sie im 6. Kapitel des Epheserbriefes beschrieben ist. Darüber hinaus gibt es weitere Möglichkeiten, die wir in den letzten Kleingruppen schon besprochen haben, wie z.B. Vergebung, die Stimme Gottes hören oder Fürbitte halten. Die Grundwahrheit über all dem ist: Jesus ist der Sieger (vgl. Offenbarung 5,5)!

Aktion: »Lüge und Wahrheit«

1. Schritt: Schreibe auf, welche negativen »Glaubenssätze« du von dir hast (z.B.: Ich bin nicht schön. Ich bin kein Heiliger. Ich mache eh immer alles falsch. Alle anderen Menschen sind beliebter als ich. Usw.)

____

____

____

____

2. Schritt: Lies nun einen oder mehrere Lügensätze vor.

3. Schritt: Lass dir von jedem Teilnehmer die Wahrheit sagen. (Beispiel: Du sagst: »Die Lüge, die ich mir erzähle ist: Ich bin nicht schön.« Die anderen Teilnehmer sprechen dir nacheinander zu: »In Jesu Namen, die Wahrheit ist: Du bist schön.« Oder »Im Namen Jesu, die Wahrheit ist: Gott hat dich wunderschön erschaffen, du bist schön.« – Es kann gern immer wieder leicht abgewandelt werden.)

4. Schritt: Am Schluss sagst du: »Ich widersage der/den Lüge/n und glaube an die Wahrheit, die Gott mir zusagt, nämlich dass ich … (Wiederhole die Wahrheit/en noch einmal).« Anschließend antworten alle mit »Amen!«

5. Schritt: Tauscht euch aus.

- Wie geht es dir jetzt?
- Hast du den Eindruck, dass die Lüge an Macht verloren hat?
- Hast du mehr Vertrauen in das, was Gott über dich denkt, die Wahrheit?

____

____

____

____

Alternativaktion: »Die Waffenrüstung Gottes nach Epheser 6,11-18 – Proklamationen

1. Schritt: Legt nacheinander die Bestandteile der Waffenrüstung Gottes in die Mitte.

1. Symbol: Gürtel der Wahrheit

- Proklamiert laut folgende Wahrheiten, gern auch mehrmals hintereinander und durcheinander (können erweitert werden):
  - Jesus lebt!
  - Gott ist gut!
  - Jeder Mensch ist geliebt und gewollt!
  - Gott hat eine Absicht, einen Plan für und mit jedem Menschen!
  - Jeder Mensch ist wertvoll!
  - Gott ist die Liebe!
  - Jesus hat schon gesiegt über alles Böse!

2. Symbol: Brustpanzer der Gerechtigkeit

- Zählt Ungerechtigkeiten auf, die euch einfallen (Armut, Abtreibung, Krieg, Hunger usw.). Bittet nun Gott stellvertretend um Vergebung für alle Ungerechtigkeiten dieser Welt. Betet nacheinander jeweils für ein Anliegen und bittet Gott anschließend, dem Bösen in diesem Bereich Einhalt zu gebieten.

3. Symbol: Stiefel der Bereitschaft

- Sprecht ein kurzes Hingabegebet und bekundet anschließend eure Bereitschaft, vom Evangelium Zeugnis abzulegen, einer nach dem anderen. Sie kann in etwa wie folgt formuliert werden:

Herr, ich gebe dir mein Leben, meine Vergangenheit, Gegenwart und Zukunft. Ich gebe dir meine Gefühle, meinen Leib, meine Seele und mein ganzes Herz. Ich will dir nachfolgen und nach bestem Wissen und Gewissen Zeugnis ablegen vom Evangelium. Amen.

4. Symbol: Schild des Glaubens

- Sprecht gemeinsam das Glaubensbekenntnis.

5. Symbol: Helm des Heils

- Widersagt gemeinsam dem Bösen, alle durcheinander. Das können folgende Sätze sein (können erweitert werden):
  - Ich widersage dem Teufel.
  - Ich widersage allem Bösen.
  - Ich widersage allen Anfeindungen und allen Anfechtungen des Widersachers.
  - Ich widersage allen negativen Gedanken und Lügen, die ich glaube.
  - Ich widersage allen Versuchungen des Feindes.
  - Ich widersage allem, was mich zum schlechten Tun und Denken verführen will.

6. Symbol: Schwert des Geistes und Bibel

- Lest den Text aus Offenbarung 12,10-12 zuerst vor und danach alle dreimal durcheinander:

Jetzt ist er da, der rettende Sieg, die Macht und die Königsherrschaft unseres Gottes und die Vollmacht seines Gesalbten; denn gestürzt wurde der Ankläger unserer Brüder, der sie bei Tag und bei Nacht vor unserem Gott verklagte. Sie haben ihn besiegt durch das Blut des Lammes und durch ihr Wort und ihr Zeugnis. Sie hielten ihr Leben nicht fest, bis hinein in den Tod. Darum jubelt, ihr Himmel und alle, die darin wohnen.

2. Schritt: Beschließt die Gebetszeit mit einem freien Gebet oder einem Lobpreislied.

3. Schritt: Tauscht euch aus.

- Wie war es für dich, laut auf die verschiedenen Arten zu beten?
- Hast du etwas in dir oder der Atmosphäre wahrgenommen?
- Wie kann man die Waffenrüstung Gottes im Alltag anwenden?

---

4. Get on (weitermachen) – 10 Minuten

Give-away

- Du bekommst eine Karte, auf die du die Wahrheit über dein Leben schreibst. (Z.B.: »Die Wahrheit ist: Ich bin schön, weil Gott mich schön gemacht hat!«) Wenn du willst, hänge sie gut sichtbar in deinem Zimmer auf, damit du dich in eine neue Denkweise einübst.

Aufgabe für die Woche

- Nimm deine Karte der Wahrheit regelmäßig zur Hand und sprich diese Wahrheit einmal oder mehrmals am Tag aus, besonders auch dann, wenn du es gerade nicht glauben kannst.

Einander mittragen

- Schreib deinen Namen auf einen Zettel und zieh anschließend einen. Bete für die Person und dafür, dass sie negativen und niederdrückenden Gedanken widerstehen kann, bis zum nächsten Treffen.

Abschlussgebet

- Proklamiert gemeinsam diese Wahrheit:

Jesus, du bist der Anfang und das Ende.
Du bist der Weg, die Wahrheit und das Leben.
Du bist unser Schutz, unser Halt und unsere Zukunft.
Herr, du bist stärker als alles Böse dieser Welt!
Jesus, du bist der Sieger!
Amen.

EINHEIT 9: JESUS ALS HERR UND KÖNIG

1. Get together (zusammenkommen) – 40 Minuten

- Beginn mit Lobpreis (am besten thematisch passende Lieder, wenn bekannt). Der Leiter kann ein frei formuliertes Gebet sprechen oder ihr könnt gemeinsam folgendes Gebet sprechen:

Du bist der Herr, Jesus. Du bist unser König und wir kommen mit Ehrfurcht und Anbetung vor deinen Thron. Wir wollen dir die Ehre geben und unser ganzes Leben soll dir zur Ehre dienen. Schenke uns deinen Heiligen Geist, damit wir immer mehr gewahr werden, wie groß und wunderbar du bist. Amen.

- Austausch
    - Welches Highlight- oder Lowlight-Erlebnis der letzten Woche möchtest du teilen?
    - Wie ging es dir im geistlichen Kampf um deine Gedanken und mit der Wahrheit, die du ausgesprochen hast?
- Sammelt Anliegen der Teilnehmer und betet dann füreinander in einer Gebetsgemeinschaft. Ihr könnt außerdem Dankgebete für Erlebnisse oder Begegnungen formulieren, die ihr in der letzten Woche hattet.

2. Get more (mehr bekommen) – 30 Minuten

Einstieg: Stell dir vor, du kommst in einen großen Raum und auf dem Thron sitzt Jesus als König. Was wäre deine Reaktion?

Jeder überlegt kurz für sich. (Ohne Austauschrunde)

Lest gemeinsam folgende Bibelstelle:

Brief an die Philipper 2,5-11

Mögliche Austauschfragen

- Was sagt uns der Text über Jesus und über die Größe Gottes?
- Was ist der Unterschied zwischen Jesus als Freund und als »Herr«?
- Was macht einen Herrn und König aus?
- Was ist das Besondere am Königtum Jesu?
- Wo ist Jesus schon König über deinem Leben?
- In welchem Bereich tust du dich schwer, Jesus regieren zu lassen?

3. Get over (überwinden) – 40 Minuten

Input

Jesus ist Gott. Er hat alle Macht und alle Gewalt. Jesus ist Mensch. Er hat seine Allmacht für uns Menschen aufgegeben und ist zur Welt gekommen als einer von uns. Jesus ist der König. Alles gehört ihm:

alles Geld, alle Gebäude, alle Menschen, kurz gesagt: die ganze Welt. Er regiert und »seine Herrschaft wird kein Ende haben« (Lukas 1,33). Jesus ist der Herr. Er ist der Herr über Leben und Tod, er ist der Erste und der Letzte (vgl. Offenbarung 1,18).

Wir Menschen geben ungern etwas aus der Hand. Besonders um solche Themen wie Finanzen, Berufswahl, Ehepartner oder Sexualität kümmern wir uns lieber selbst, als Gott danach zu fragen, was wir wie tun sollen. Nach dem Motto: »Ich gebe dir mein ganzes Leben, aber dieses oder jenes, das regele ich lieber selbst.« Letztlich bedeutet das mangelndes Vertrauen auf Gott, gegenüber seiner Liebe und Güte. Wir können oft nicht glauben, dass er es wirklich gut mit uns meint, haben Angst, dass er etwas tun oder sagen könnte, was uns gar nicht schmeckt, oder trauen ihm nicht zu, dass er wirklich alles vermag. Deshalb behalten wir es lieber für uns und reden mit ihm lieber nicht darüber. Wenn wir ihm aber alles geben, ihn auf dem Thron unseres Herzens sitzen lassen und an seine Güte glauben – und das ist unabhängig von unseren Umständen –, dann führt er alles zum Guten.

Die ganze Bibel ist voll davon, dass Menschen nicht das getan haben, was Gott ihnen ans Herz gelegt hat, sie ihre eigenen Wege gegangen und deshalb gefallen sind. Wenn sie aber das getan haben, was er ihnen gesagt hat, so sind daraus immer Segen, Freude und Frieden entstanden. Deshalb ist die Aufforderung auch an dich und mich: Lass Jesus Herr über alle Bereiche deines Lebens sein und es wird dir und den Menschen zum Guten gereichen.[5]

Aktion: »Du bist der Herr und König«

1. Schritt: Beginnt mit einem freien Gebet oder einem Lobpreislied.

2. Schritt: Nimm dir Zeit zu überlegen, an welchen Dingen du hängst. Überlege außerdem, ob es eine oder mehrere Bereiche in

5 Mehr zum Thema findest du im Buch »Lifestyle Jüngerschaft – Lege das Fundament deines Lebens«, v.a. in Kapitel 6!

deinem Leben gibt, die du glaubst in der Hand zu haben, die du eigentlich aber nicht oder nur zum Teil in der Hand hast und an denen du trotzdem festhältst (das können Dinge sein wie z.B. den richtigen Partner zu finden, gesund zu sein oder auch deine Finanzen). Was sind also diese Bereiche, wo nicht Jesus König ist, sondern du selbst?

Schreib es auf ein Blatt Papier.

3. Schritt: Du bist nun zu einem Schritt eingeladen. Stell oder knie dich vor das Kreuz in der Mitte. Bringe eine Sache, die du nicht aus der Hand geben willst, zu Jesus und übergib sie ihm. Sprich dazu ein Hingabegebet – wenn du dich traust gern laut. Das kann in etwa so lauten:

Jesus, du bist der Herr und König über meinem Leben. Ich gebe dir heute, hier und jetzt ________________, weil du derjenige bist, der alles in Händen hält. Ich weiß, dass du mein Versorger bist, dass du am besten weißt, was ich brauche, und dass du dich um alles kümmerst. Dies hier gebe ich dir. Verfüge du als mein König und Herr darüber. Amen.

4. Schritt: Tauscht euch aus.

- Ist es dir schwergefallen, diese Sache zu übergeben?
- Glaubst du, dass du sie bei Gott lassen kannst, oder hast du das Gefühl, sie gleich wieder selbst in die Hand nehmen zu wollen? Was könntest du dagegen tun?
- Was kannst du selbst tun, um Jesus mehr und mehr Herr in deinem Leben werden zu lassen?

____

____

____

Alternativaktion: »Lebensübergabe«

1. Schritt: Beginnt mit einem freien Gebet oder einem Lobpreislied.

2. Schritt: Du bist nun eingeladen, einen Schritt in deinem Leben zu tun, den du vielleicht schon einmal gegangen bist, vielleicht aber auch noch nie. Aber egal ob du es schon gemacht hast oder nicht, es ist gut, solch eine Lebensübergabe immer wieder einmal zu erneuern und sich damit bewusst zu machen, wer der Herr über deinem Leben ist. Wenn du für diesen Schritt bereit bist, darfst du dich vor das Kreuz stellen oder knien und dem Herrn (neu) dein Leben anvertrauen. Du kannst das frei formulieren oder mit folgenden Worten tun:

Jesus, mein Herr und mein Gott. Du bist mein König und mein Herr. Ich übergebe dir heute (neu) mein Leben. Du bist der Herr über alles, was ich denke, sage und tue. Du bist der Herr über mein Herz, meinen Körper und meine Seele. Du bist der König und sollst über mich verfügen. Ich will deinen Willen tun und auf deine Stimme hören. Amen.

3. Schritt: Tauscht euch aus.

- Ist es dir leicht- oder schwergefallen, dein Leben Jesus zu übergeben?
- Hast du etwas wahrgenommen?
- Was bedeutet dieser Schritt für dich in Zukunft konkret?

____

____

____

4. Get on (weitermachen) – 10 Minuten

Give-away

- Du bekommst heute einen Ring. Jesus ist der König und du bist sein Königskind und gehörst zu ihm. Du hast die Würde eines Königskindes und doch ist er selbst der König über dich und dein Leben. Der Ring soll ein Zeichen sein, dass du mit ihm lebst, ihm dienst und er der Herr über alles ist.

Aufgabe für die Woche

- Sprich in den folgenden Tagen immer wieder aus, dass Jesus dein Herr und König ist. Vertraue ihm die Dinge an, die du selbst lieber in der Hand behältst und regelst, als sie ihm zu geben, damit er sich darum kümmert, weil er es am besten kann und weiß, was du brauchst.

Einander mittragen

- Schreib deinen Namen auf einen Zettel und zieh anschließend einen. Bete für die Person, und dass Jesus der Herr und König über ihr Leben ist und sie das annehmen kann, bis zum nächsten Treffen.

Abschlussgebet

- Sprecht nacheinander aus: »Jesus, du bist mein König, mein Herr und mein Gott. Ich gehöre dir. Amen.«

EINHEIT 10: DER TRAUM GOTTES FÜR DEIN LEBEN

1. Get together (zusammenkommen) – 40 Minuten

- Beginn mit Lobpreis (am besten thematisch passende Lieder, wenn bekannt). Der Leiter kann ein frei formuliertes Gebet sprechen oder ihr könnt gemeinsam folgendes Gebet sprechen:

Guter Gott, du hast eine gute Absicht und einen guten Plan für jeden Menschen. Komm, Heiliger Geist, und lass uns sehen, was dieser Plan ganz konkret für unser, für mein Leben ist und bedeutet. Zeige uns deinen guten Weg für unser, für mein Leben. Amen.

- Austausch
  - Welches Highlight- oder Lowlight-Erlebnis der letzten Woche möchtest du teilen?
  - Konntest du dein Leben und die Dinge, die du schwer abgeben kannst, Gott geben? Wie ging es dir die Tage damit?
- Sammelt Anliegen der Teilnehmer und betet dann füreinander in einer Gebetsgemeinschaft. Ihr könnt außerdem Dankgebete für Erlebnisse oder Begegnungen formulieren, die ihr in der letzten Woche hattet.

2. Get more (mehr bekommen) – 30 Minuten

Einstieg: Was ist dein größter Traum?

Jeder überlegt kurz für sich. (Ohne Austauschrunde)

____

____

Lest gemeinsam folgende Bibelstelle:

Brief an die Epheser 1,3-14

Mögliche Austauschfragen

- Was wird über den Plan Gottes für uns Menschen in diesem Text ausgesagt?
- Wer sind wir in den Augen Gottes und was bedeutet das für unser Leben?
- Was sind deine größeren und kleineren Träume?
- Wofür möchtest du in deinem Leben bekannt werden?
- Wenn dir alles Geld dieser Welt zur Verfügung stehen würde – was würdest du damit tun?
- Hast du eine Vision für dein Leben – also ein konkretes größeres Ziel, das du einmal erreichen möchtest?

____

____

____

____

____

____

3. Get over (überwinden) – 40 Minuten

Input

Es gibt eine allgemeine Berufung, die jedem Menschen zukommt. Das ist die Berufung zur Heiligkeit und zu einem Leben mit Gott und für ihn. Der Traum Gottes für dein Leben ist, dass du mit ihm in Ewigkeit im Himmel lebst. Die Absicht, die er mit jedem Leben auf der Erde hat, ist jedoch von Mensch zu Mensch verschieden. Gott hat uns alle mit unterschiedlichen Sehnsüchten, Talenten und Fähigkeiten ausgestattet. In jeden hat er Interessen und Herzensanliegen gelegt. Wenn du den Traum Gottes für dein Leben erkennen willst, musst du gar nicht so abstrakt denken, sondern du darfst erst einmal in dir nachforschen, wofür dein Herz brennt und wo du eine Freude empfindest, dieses oder jenes zu tun. »Wo dein Schatz ist, ist dein Herz«, so heißt es in Lukas 12,34. Das heißt: Bei dem, was dir wichtig ist, bist du mit ganzem Herzen dabei. Gott hat gute Absichten und Pläne in dich hineingelegt. So teilst du deinen Traum mit dem Traum Gottes und umgekehrt. Ihr träumt und lebt diesen Traum gemeinsam.

Für die konkrete Umsetzung ist es wichtig, Gottes Stimme zu hören und ihn zu fragen, wie das aussehen kann. Manchmal kommen dir gute Ideen, manchmal siehst oder liest du etwas, das dein Herz berührt. Oder Menschen sprechen etwas in dein Leben, was dich in positiver Weise zutiefst trifft. Geh dem nach und bleib dran, wenn du das Gefühl oder vielleicht sogar eine innere Sicherheit verspürst, dass dies dein Weg ist. Es kann ein einfacher Weg sein oder auch ein herausfordernder, aber langweilig sind die Wege Gottes nie. Lebe wider alle Mittelmäßigkeit und gib dich nicht allzu schnell zufrieden mit dem, »was jeder tut«, sondern lebe den Traum Gottes für dein Leben. Nutze deine Talente und vermehre sie, dann wird der Herr dich segnen, so wie es Jesus im Gleichnis von den Talenten beschreibt (vgl. Matthäus 25,14-30).

Aktion: »Meine Träume«

1. Schritt: Schreibe auf der folgenden leeren Seite (S. 70) untereinander 20 Träume auf, die du in deinem Leben gern verwirklicht haben möchtest. Sie können aus allen möglichen Bereichen sein, auch verrückt sein und quer durcheinander aufgeschrieben werden: Familie, Beruf, Reise, Vision, Freizeit, Hobbys usw.

2. Schritt: Versuche, die Träume nach Bereichen zu kategorisieren (z.B. Familie, Beruf usw.).

3. Schritt: Mache nun eine Prioritätenliste innerhalb der verschiedenen Bereiche. Worauf möchtest du keinesfalls verzichten? Was ist dir weniger wichtig? Du kannst die einzelnen Träume mit Nummern versehen: 1 = am wichtigsten, 5 = am unwichtigsten.

4. Schritt: Was kannst du dazu beitragen, dass dieser oder jener Traum (aus der Kategorie: am wichtigsten) Wirklichkeit wird? Was musst du an Gott abgeben?

5. Schritt: Setzt euch zu zweit oder dritt zusammen und erzählt euch gegenseitig von euren Träumen. Ermutigt euch gegenseitig, an euren Träumen dranzubleiben.

6. Schritt: Tragt in der großen Runde eure wichtigsten Träume und Erkenntnisse darüber kurz zusammen.

Alternativaktion: »Wofür mein Herz brennt«

1. Schritt: Schreibe auf der folgenden leeren Seite (S. 70) untereinander 20 Themen auf, die dich interessieren, über die du gut Bescheid weißt, die dir am Herzen liegen, die in dir einen Drang auslösen, etwas dafür bzw. dagegen zu tun (z.B. Abtreibung, Waisenkinder, deine Gemeinde, Menschen, die Jesus noch nicht kennen usw.). Sie können aus allen möglichen Bereichen sein, auch verrückt sein und quer durcheinander aufgeschrieben werden.

2. Schritt: Versuche die Themen zu kategorisieren, z.B. nach Interesse, Herzensanliegen, Fähigkeit, Hobby, Handlungsdrang usw.

3. Schritt: Mache nun eine Prioritätenliste innerhalb der verschiedenen Bereiche. Worauf möchtest du keinesfalls verzichten? Was ist dir weniger wichtig? Du kannst die einzelnen Themen mit Nummern versehen: 1 = am wichtigsten, 5 = am unwichtigsten.

4. Schritt: Hast du Ideen, wie du dich für das eine oder andere Thema stärker engagieren könntest? Wo brauchst du Gottes Hilfe dafür?

5. Schritt: Setzt euch zu zweit oder dritt zusammen und tauscht euch aus. Die anderen können dir Rückmeldung geben, ob sie z.B.

so etwas wie einen roten Faden entdecken, der sich durchzieht (z.B. das Thema Kinder taucht direkt oder indirekt immer wieder auf) oder auch, was sie in dir sehen, was nach ihrer Einschätzung zu dir passt.

6. Schritt: Tragt in der großen Runde eure wichtigsten Herzensanliegen und Erkenntnisse darüber kurz zusammen.

1. __________
2. __________
3. __________
4. __________
5. __________
6. __________
7. __________
8. __________
9. __________
10. __________
11. __________
12. __________
13. __________
14. __________
15. __________
16. __________
17. __________
18. __________
19. __________
20. __________

4. Get on (weitermachen) – 10 Minuten

Give-away

- Du bekommst heute Blumensamen mit nach Hause. Du kannst sie in einen Blumentopf mit Erde geben und ihnen beim Wachsen zusehen. Sie sollen dich daran erinnern, dass Gott auch Samen in dich hineingelegt hat. Gott bewirkt das Wachstum und die Entwicklung, du sorgst für die optimalen Bedingungen wie Wasser und Licht, damit Wachstum passieren kann.

Aufgabe für die Woche

- Suche dir einen Traum oder ein Thema deines Lebens aus und bitte Gott, darüber zu dir zu sprechen. Mache dir Notizen, wie er/es in deinem Leben mehr Gestalt nehmen kann und was du dazu beitragen kannst.

Einander mittragen

- Schreib deinen Namen auf einen Zettel und zieh anschließend einen. Bete für die Person und dafür, dass Gott ihr Träume ins Herz legt und diese Wirklichkeit werden, bis zum nächsten Treffen.

Abschlussgebet

- Sprecht einander zu: »________________, Gott hat einen guten Plan für dein Leben. Er will mit dir seinen Traum für dein Leben verwirklichen.« Anschließend kann der Leiter oder ein Teilnehmer ein freies Abschlussgebet sprechen.

EINHEIT 11:
LEBEN IM KÖNIGREICH GOTTES

1. Get together (zusammenkommen) – 40 Minuten

- Beginn mit Lobpreis (am besten thematisch passende Lieder, wenn bekannt). Der Leiter kann ein frei formuliertes Gebet sprechen oder ihr könnt gemeinsam folgendes Gebet sprechen:

Herr, wir leben schon in deinem Reich und dennoch warten wir auf dein endgültiges Kommen. Wir dürfen mit dir zusammen dein Reich auf Erden bauen. Zeige uns durch die Kraft des Heiligen Geistes, wo wir mit anpacken können, wo wir gebraucht werden, wo du uns haben möchtest, damit sich dein Reich auf der ganzen Erde ausbreitet. Amen.

- Austausch
    - Welches Highlight- oder Lowlight-Erlebnis der letzten Woche möchtest du teilen?
    - Ist der Traum Gottes für dein Leben konkreter geworden? Hast du einen Plan, wie du den Traum gemeinsam mit Gott verwirklichen kannst? Oder wie du dich in einem bestimmten Bereich (für ein bestimmtes Thema) engagieren kannst?
- Sammelt Anliegen der Teilnehmer und betet dann füreinander in einer Gebetsgemeinschaft. Ihr könnt außerdem Dankgebete für Erlebnisse oder Begegnungen formulieren, die ihr in der letzten Woche hattet.

2. Get more (mehr bekommen) – 30 Minuten

Einstieg: Wo engagierst du dich bisher im und für das Reich Gottes?

Jeder überlegt kurz für sich. (Ohne Austauschrunde)

Lest gemeinsam folgende Bibelstelle:

Lukas 13,18-21

Mögliche Austauschfragen

- Wie wird das Reich Gottes hier beschrieben?
- Wie stellst du dir selbst das Reich Gottes vor?
- Wie wächst das Reich Gottes?
- Was ist dein Traum vom Reich Gottes in der Kirche?
- Was trägst du zur Ausbreitung des Reiches Gottes schon bei?

3. Get over (überwinden) – 40 Minuten

Input

Jesus redet sehr viel vom Reich Gottes, vor allem in Gleichnissen. Es befindet sich immer in der Spannung von »schon jetzt« und »noch nicht«. Damit ist gemeint, dass das Reich Gottes einerseits schon mitten unter uns ist (vgl. Lukas 27,21), aber die endgültige Herrschaft noch aussteht (vgl. Markus 1,15). Die Hauptbotschaft besteht darin, dass Gott und nicht der Mensch herrscht und dass nach den Regeln, den Prinzipien und der Liebe Gottes gelebt wird. Dazu gehören zum einen: »Gerechtigkeit, Friede und Freude im Heiligen Geist« (Römer 14,17), Heilungen (vgl. Lukas 9,2) und Eintreten für diejenigen, die auf Hilfe angewiesen sind wie Arme und Schwache (vgl. Lukas 6,20) und Kinder (vgl. Lukas 18,16). Zum anderen geht es um Prinzipien, die den Gepflogenheiten der Welt widersprechen bzw. wo das Handeln unserer Intuition entgegensteht. Beispiele dafür sind die Feindesliebe (vgl. Matthäus 5,44) oder dass wir auf Gewalt nicht mit Gegengewalt reagieren (vgl. Matthäus 5,39).

Um das Reich Gottes zu erben, bedarf es zudem der konkreten Nachfolge und es kostet uns etwas: das Herz eines Kindes zu haben (vgl. Lukas 18,17), entschieden für den Herrn zu leben (vgl. Lukas 9,62) und für manche auch, alles aufzugeben (vgl. Lukas 14,26).

Mit am Reich Gottes bauen kannst du überall! Halte immer Ausschau danach, wie du es in der Situation, in der du dich gerade befindest, den Menschen nahebringen kannst, welche Möglichkeiten du hast, wie du Atmosphäre verändern kannst. Bloom where you are planted – blühe dort, wo du gepflanzt bist.[6]

6 Mehr zum Thema findest du im Buch »Lifestyle Jüngerschaft – Lege das Fundament deines Lebens«, v.a. in Kapitel 7!

Aktion: »Reich Gottes bauen in meinem Umfeld«

1. Schritt: Nimm dir Zeit, geh von Plakat zu Plakat und schreibe deine Gedanken darauf, wie du im jeweiligen Kontext Reich Gottes bauen bzw. die Botschaft von Jesus anderen Menschen nahebringen kannst. Formulier es so konkret wie möglich, zum Beispiel: »Ich erzähle meinem besten Freund von einer Erfahrung, die ich mit Gott gemacht habe.« Du kannst auch Erlebnisse dazuschreiben, die du selbst schon gehabt hast.

2. Schritt: Wenn jeder auf die Plakate geschrieben hat, lest sie euch gemeinsam durch, konkretisiert sie ggf. noch weiter und tauscht euch über eure Erfahrungen aus.

3. Schritt: Schreibe dir drei konkrete Punkte auf, die du in deinem Umfeld umsetzen möchtest, und nimm dir vor, dies in den nächsten Tagen zu tun.

1. ____

2. ____

3. ____

Alternativaktion: »Aussendung«

Es geht bei dieser Aktion darum, ins Gespräch mit Menschen auf der Straße zu kommen. Evtl. müsst ihr mehr Zeit dafür einplanen als sonst. Ihr werdet wie die 72 Jünger (vgl. Lukas 10,1ff) ausgesendet zu den Menschen.

1. Schritt: Setzt euch in Zweier- oder Dreiergruppen zusammen und überlegt euch vier Fragen, die ihr Menschen als »Umfrage« auf der Straße stellen könnt. Das können Fragen sein wie: »Glauben Sie an ein Leben nach dem Tod?« oder »Glauben Sie an Gott? Wenn ja: Wer ist Gott für Sie? Wenn nicht: Woran glauben Sie dann?« usw.

2. Schritt: Betet miteinander um offene Herzen und dass der Herr euch zeigen möge, wen ihr ansprechen sollt.

3. Schritt: Geht raus und befragt drei Leute, kommt mit ihnen ins Gespräch, erzählt ihnen auch gerne von euren eigenen Erfahrungen. Vielleicht gibt es in der nächsten Zeit auch eine Aktion, zu der ihr einladen könnt? (z.B. Alphakurs, Lobpreisgottesdienst, Lobpreisabend ...)

4. Schritt: Kommt nach 30 Minuten wieder zusammen und tauscht euch über eure Erfahrungen aus. Wie erging es euch? Wie haben die Leute reagiert? Was haben die Leute gesagt?

____

____

____

5. Schritt: Betet am Schluss für alle Menschen, denen ihr heute begegnet seid.

4. Get on (weitermachen) – 10 Minuten

Give-away

- Diesmal bekommst du ein Rezept für einen Sauerteig. Wenn du willst, kannst du es ausprobieren. Es ist sehr einfach, die Zubereitung geht schnell, aber es braucht einige Tage, bis er wirklich fertig ist. Danach kann man ihn zu Brot weiterverarbeiten. Das erinnert uns daran, dass es Zeit braucht, bis sich das Reich Gottes wirklich ausgebreitet hat, aber es sich lohnt, weil wirklich tolle Dinge daraus entstehen. Wenn du willst, bring zum nächsten Abend dein Sauerteigbrot mit.

Aufgabe für die Woche

- Suche dir in der kommenden Woche einen Menschen, dem du von deinen Erfahrungen mit Gott erzählst. Lade z.B. einen Freund zum Essen ein, schicke jemandem eine Sprach- oder Videonachricht oder erzähl einem Kollegen von der Kleingruppe und was du dort bereits erlebt hast.

Einander mittragen

- Schreib deinen Namen auf einen Zettel und zieh anschließend einen. Bete für die Person und besonders dafür, dass sie Mut hat, jemandem vom Reich Gottes zu erzählen, bis zum nächsten Treffen.

Abschlussgebet

- Sprecht euch gegenseitig zu: »Das Reich Gottes ist nahe. Kehr um und glaub an das Evangelium« (vgl. Markus 1,15). Anschließend kann der Leiter oder ein Teilnehmer ein freies Gebet sprechen.

EINHEIT 12: CELEBRATION

1. Get together (zusammenkommen) – 40 Minuten

- Beginn mit einer Zeit des Lobpreises und des Dankes für alles, was ihr in den letzten Wochen und Monaten erlebt habt und lernen durftet und was euch sonst auf dem Herzen liegt.
- Austausch
  - Welches Highlight- oder Lowlight-Erlebnis der letzten Woche möchtest du teilen?
  - Hast du einem Familienmitglied, einem Freund oder einem Kollegen von deinen Erfahrungen erzählt? Wie war die Reaktion?
- Sammelt Anliegen der Teilnehmer und betet dann füreinander in einer Gebetsgemeinschaft. Ihr könnt außerdem Dankgebete für Erlebnisse oder Begegnungen formulieren, die ihr in der letzten Woche hattet.

2. Get more (mehr bekommen) – 30 Minuten

Einstieg: Welche drei Dinge nimmst du aus den letzten 12 Wochen mit?

Jeder überlegt kurz für sich. Mit Austauschrunde.

Lest gemeinsam folgende Bibelstelle:

Matthäus 28,18-20

Mögliche Austauschfragen

- Was ist der Auftrag Jesu an uns?
- Wie können wir den Auftrag Jesu erfüllen?
- Wenn dich jemand nach deinem Glauben fragt, kannst du Antwort geben?
- Wo fällt es dir leicht, von Jesus zu erzählen, wo ist es schwerer?
- Kannst du dir vorstellen, selbst eine Lifestyle-Jüngerschaft-Kleingruppe zu starten und durchzuführen?

____

____

____

____

____

____

3. Get over (überwinden) – 40 Minuten

Feier

Feiert den Herrn, feiert euch und feiert das Leben. Bereitet euer gemeinsames Abendessen vor, dekoriert den Raum und die Tische und genießt das gemeinsame Abendessen.

Input

Der Auftrag Jesu ist klar: Es geht nicht einfach nur darum, »nett« zu Menschen zu sein, sondern Jesus und sein Reich zu verkündigen. Jüngerschaft bedeutet, Jesus ganz konkret nachzufolgen, und zwar dort, wo wir sind. Und dieser Prozess der Jüngerschaft ist ein lebenslanger. Wir können immer dazulernen, wachsen, uns weiterentwickeln und neue Träume formulieren. Es gibt manchmal Schicksalsschläge in unserem Leben, die uns zweifeln lassen. Es gibt Erlebnisse, wo plötzlich wieder alte Denkmuster oder Angewohnheiten auftauchen, die man glaubt, längst überwunden zu haben. Gehe deinen Weg und schau nach vorn, auch wenn das manchmal bedeutet, einen Schritt zurückgehen zu müssen, um dich neu auszurichten, dich an all das Gute zu erinnern und vielleicht auch, um einen anderen Weg zu gehen. Dranbleiben ist enorm wichtig. Nur dann können wir wirklich Jünger Jesu sein und noch viel mehr werden.

Aktion: »Clearing und Gottes Stimme hören«

1. Runde: Gibt es Dinge, die zwischen dir und einer anderen Person stehen? Möchtest du innerhalb der Gruppe jemanden um Verzeihung bitten? Musst du etwas vor der ganzen Gruppe bekennen? Sprich es aus und bitte um Vergebung. Die anderen antworten: »Dir ist vergeben. Sei gesegnet!«

2. Runde: Geht zu zweit zusammen und hört, ob Gott euch etwas für den anderen sagen will – in einem Wort, einem Bild oder einer Bibelstelle. Wenn ihr wollt, könnt ihr die Runde mit einer anderen Person wiederholen.

Alternativaktion: »Honoring und Rückblick«

1. Runde: Überreich demjenigen, für den du in der letzten Woche gebetet hast, ein kleines Geschenk und verbinde dies mit einem einminütigen Honoring dieser Person vor der ganzen Gruppe. Sag, was du an ihr schätzt und welche positiven Dinge du an ihr beobachtet hast.

2. Runde: Tauscht euch über die Erfahrungen aus, die ihr in den letzten Wochen gemacht habt. Was war hilfreich? Was kannst du mitnehmen? Was hast du vermisst? Wie könnt ihr weitermachen?

4. Get on (weitermachen) – 10 Minuten

Give-away

- Zum Abschluss bekommst du feierlich eine Urkunde überreicht, die dir bescheinigt, an dieser Kleingruppe teilgenommen zu haben und die dich daran erinnern soll, was du alles in diesen Wochen und Monaten gelernt hast. Nicht zuletzt daran, dass du ein Jünger Jesu und ein Arbeiter im Weinberg des Herrn bist.

Aufgabe für die Woche

- Schau zurück – auf alles, was gewesen ist. Schau voraus – auf das, was kommen wird. Schreibe dir konkrete Schritte und Ideen auf, an denen du weiterarbeiten möchtest, Themen, die du angehen willst, und Aktionen, die du planst.

Einander mittragen

- Schreib deinen Namen auf einen Zettel und zieh anschließend einen. Bete für die Person und dafür, dass sie den Weg der Jüngerschaft weitergehen kann.

Abschlussgebet

- Sprecht einander Worte des Segens zu, z.B.: »Der Herr segne dich mit Gesundheit, Freude, Gelassenheit, Mut …« und betet abschließend gemeinsam das Vaterunser.

LIFESTYLE-JÜNGERSCHAFT-TIPPS

Du bist nun durch einen kleinen Jüngerschaftsprozess hindurchgegangen. Wie geht es jetzt weiter? Im Folgenden wollen wir dir noch einige Tipps mit auf den Weg geben, wie du deinen Weg als Jünger Jesu fortsetzen kannst.

Gebet

Von Johannes Hartl stammt der Satz: »Gebet ist nicht alles, aber ohne Gebet ist alles nichts.« Wir ermutigen dich dazu, dein Gebetsleben auch weiterhin zu pflegen:

- Nimm dir jeden Tag Zeit, mit Jesus ins Gespräch zu kommen.
- Besuche Gottesdienste und schließ dich einer Kleingruppe an.
- Lies die Bibel.
- Gehe mit allen Anliegen, mit deinem Dank, mit deinen Sorgen und Ängsten, mit allem, was dich beschäftigt, kurz: mit deinem Leben, zu ihm.

Vertiefung

- Lies gute christliche Bücher, die dich tiefer führen.
- Höre dir Predigten von guten christlichen Rednern an.
- Besuche Leiterschaftsprogramme oder Wochenendprogramme zu speziellen christlichen Themen oder vielleicht sogar eine Jüngerschaftsschule.
- Nimm an Glaubensevents teil.

Kontakt mit anderen Christen

Die Gemeinschaft und die gegenseitige Stärkung im Glauben sind enorm wichtig, um den Glauben zu leben.

- Suche dir auch weiter eine Gruppe, wo ihr gemeinsam betet und euch über euren Glauben und euer Leben austauscht. Vielleicht könnt ihr sogar diese Kleingruppe weiterführen.
- Suche dir eine Gemeinde, in der du dich wohlfühlst.

Baue Reich Gottes weiter

Jünger machen Jünger. Sei kreativ und innovativ, um das Reich Gottes zu den Menschen zu bringen. Das kann in folgender Weise passieren:

- Gründe selbst oder mit Freunden einen Gebets- oder Hauskreis.
- Schließe dich einem Dienst an, in den Bereichen wie z.B. Sport, Armenfürsorge, Musik oder Medien. Vielleicht gründest du sogar einen?
- Lebe deinen Alltag in der Erwartung auf den Herrn und nutze die Chancen, die dir Gott gibt.
- Gehe auf die Straßen, sprich Leute an.
- Lade Menschen zu einem Alphakurs, zu einem Gottesdienst oder einem christlichen Event ein.
- Lebe und feiere deinen Glauben im Alltag:
    - Höre auf die Stimme Gottes.
    - Praktiziere Honorings und sprich Konflikte mit Menschen an, um wieder versöhnt leben zu können.
- Kehre beständig um.
- Wende das an, was du in den vergangenen Wochen gelernt hast.

DAS HOME MOVEMENT

Das HOME Movement ist eine Bewegung, die aus der HOME Mission Base Salzburg entstanden ist. Immer mehr Menschen lassen sich durch das HOME-Konzept inspirieren und Bischöfe mit ihren Diözesen fangen an, in ihren Städten mit Unterstützung der Mission Base Salzburg HOMEs und HOME Mission Bases zu gründen. Dabei sind einige Säulen maßgeblich: ein Ort des Lobpreises und der Anbetung mit dem Ziel des immerwährenden Gebets, Schulungsprogramme im Bereich Jüngerschaft und Leiterschaft, eine Plattform für Menschen in Nöten und prekären Verhältnissen und der obligatorische »Küchentisch«. Letzterer macht die verschiedenen Formen von HOME zu einem Zuhause, in dem durch regelmäßiges Essen Gemeinschaft entsteht und das vielfältige Formen von Gastfreundschaft zulässt. Auch ein HOME privat ist möglich: Hier verbinden Menschen die HOME Idee mit ihrem eigenen Wohnzimmer und laden einmal in der Woche Freunde ein, um gemeinsam zu beten, eine Lehre zu hören und Freundschaft mit Gott und untereinander zu pflegen.

Mehr Infos findest du unter: www.home-movement.com

ÜBER DIE AUTOREN

Sabine Rödiger (Jg. 1982) ist seit zwei Jahren Vollzeitmissionarin auf der HOME Mission Base und arbeitet dort in den Bereichen Jüngerschaft, Lehre und Lobpreis. Sie war fünf Jahre lang als Theologin und Sozialarbeiterin in der schulbezogenen Jugendbildungsarbeit tätig, ehe sie in Salzburg eine 9-monatige Jüngerschaftsschule absolvierte, die ihr Leben entscheidend prägte und veränderte. Ihr großes Anliegen ist es, dass Menschen ihre wahre Identität in Jesus Christus erkennen, dort hineinfinden und heiler werden.

Sabine lebt in Salzburg gemeinsam mit 40 größtenteils jungen Menschen auf der HOME Mission Base. Zu ihren großen Leidenschaften gehören u.a. Songwriting, Fahrradfahren und Musik machen.

Bernadette Lang (Jg. 1990) ist katholische Theologin und Religionspädagogin. Sie leitet die HOME Akademie und neben einer zehnmonatigen Leiterschaftsschulung ein neunmonatiges Jüngerschaftsprogramm in der HOME Mission Base Salzburg. Dort wohnt sie mit rund 40 jungen Erwachsenen unter einem Dach. Sie ist eine gefragte Referentin zu Jüngerschaftsthemen auf Konferenzen, Tagungen und diversen Workshops. Ihre Vision ist es, eine Generation von jungen Menschen für Christus zu trainieren und leidenschaftliche Nachfolger Jesu heranzubilden. Ihr Herz schlägt dabei vor allem für junge Leiter, die in der Kirche und Gesellschaft Verantwortung übernehmen, um einen signifikanten Impact zu hinterlassen.

Patrick Knittelfelder (Jg. 1970) leitet ein Unternehmen mit rund 150 Mitarbeitern in Salzburg und Graz in den Bereichen Hotellerie, Gastronomie und Immobilien. Dazu ist er einer der Geschäftsführer der HOME Mission Base Salzburg. Dort lebt er mit seiner Familie und rund 40 jungen Erwachsenen unter einem Dach. Die HOME Mission Base ist eine der Antworten auf die aktuelle Lage des Christentums in Europa. Sein Herz brennt für Evangelisation, Verkündigung und den Aufbau von neuen Projekten im Reich Gottes. Er coacht geistliche Aufbrüche, Ordensgemeinschaften und hält Vorträge bei Konferenzen und Tagungen im deutschsprachigen Raum.

ANHANG

Materialliste/Vorbereitung für jeden Abend:

- Snacks und Getränke
- Lobpreislieder heraussuchen, gegebenenfalls Texte
- Gitarre oder Klavier/Begleitung per YouTube
- Stifte
- Zettel für die Namen der Teilnehmer zum Ziehen

Zusätzlich werden benötigt:

Einheit 1:

- Essen: Entweder hat eine Person vorher etwas gekocht oder jeder Teilnehmer wurde vorab gegebeten, eine Kleinigkeit mitzubringen.
- Je nach Aktion Zettel und Briefumschläge
- Give-away: Geistliches Tagebuch für jeden (Bei Amazon findet man eine große Auswahl an guten Tagebüchern. Einfache bzw. günstigere im Schreibwarengeschäft.)

Einheit 2:

- Je nach Aktion: Fotos für Gottesbilder (Darstellungen aus der bildenden Kunst, aber auch Symbole wie Feuer, Taube, Himmel, Fragezeichen, Jesus am Kreuz, Weltall, Löwe, Lamm, Großvater, Polizist, Vater … – Mithilfe der Google-Bilder-Suche kann man entsprechende Stichwörter eingeben und so schnell die benötigten Bilder finden und ausdrucken.)
- Give-away: Rosen und jeweils mehrfach ausgedruckte Bibel-

stellen aus dem Gleichnis vom verlorenen Sohn (Lukas 15,17-18; 22-23; 24; 31)

Einheit 3:

- Je nach Aktion: festes Papier und Kreppklebeband
- Give-away: Liebesbrief Gottes – schön ausgedruckt auf Papier
- Im Internet findet sich der »Liebesbrief des Vaters« in verschiedenen Versionen, z.B.
- https://gottkennen.de/liebesbrief-des-vaters/?p=Der_Liebesbrief_des_Vaters
- https://on-4u.blogspot.com/2016/03/ein-liebesbrief-dich.html

Einheit 4:

- Zettel
- Give-away: Kopfhörer mit Ohrstöpsel (Bei Amazon findet man unter dem Suchbegriff »In-Ohr-Kopfhörer«) auch günstige Angebote.)

Erlebnisgeschichte »Gott begegnen«

Der Leiter oder ein guter Leser liest langsam, mit ruhiger Stimme und entsprechenden Pausen (gekennzeichnet durch die Bindestriche) vor (ggf. kann auch ruhige Hintergrundmusik laufen):

Mach es dir bequem. Schließe deine Augen. Versuche zu erspüren, wo du aufliegst oder aufsitzt: mit den Füßen, mit den Beinen, mit dem Po, mit dem Rücken, mit dem Kopf. – Lass alles los, entspann dich. – Nun versuch deinen Atem zu spüren. Atme langsam und gleichmäßig. Nimm dir dafür ein wenig Zeit. – Das Fenster des Raumes ist offen und langsam beginnst du zu schweben und fliegst aus dem Fenster raus. Immer höher und höher. – Du siehst das Haus und die Stadt von oben. – Du fliegst weiter und schon bald siehst du unter dir Wiesen, Felder, kleine Dörfer. – In der Ferne erkennst du Berge. Diesen kommst du langsam immer näher und näher. – Nun bist du ganz nah und schließlich fliegst du über sie hinweg – und von Weitem schon kannst du das Meer mit einem riesigen, weiten und einsamen Strand sehen. – Dort fliegst du hin. – Wenn du angekommen bist, lässt du dich im Sand nieder. – Du spürst den warmen Sand und blickst auf das weite Meer hinaus. – Du siehst bis zum Horizont. Der Wind umschmeichelt dich. Du hörst das Rauschen der Wellen. Genieße die Atmosphäre. Kein Mensch ist dort, du bist in absoluter Sicherheit. Atme die gute Luft ein. – Du schaust dich um. Und als du nach rechts schaust, siehst du einen Menschen in der Ferne. Schon von Weitem erkennst du, dass er ein leuchtendes, weißes Gewand anhat. Er kommt näher – und dann staunst du: Es ist Jesus. Und als er ganz nah bei dir ist, schaut er dich mit seinen liebenden Augen an. Was tust du? Wie reagierst du auf ihn? (längere Pause)

Nach einer Weile setzt ihr euch. Er fragt dich: »Wie geht es dir? Wonach sehnst du dich? Was brauchst du?« Du überlegst und sagst ihm nun alles, was dir auf dem Herzen liegt. Nimm dir Zeit dafür. (längere Pause)

Nachdem du ihm alles gesagt hast, spricht er einige Sätze zu dir. Was sagt er dir? Hör ihm gut zu. (längere Pause)

Die Zeit am Meer neigt sich dem Ende zu. Und Jesus verabschiedet sich. Er überreicht dir ein Geschenk. Was ist das für ein Geschenk? – Was sagt er dir zum Abschluss? – Anschließend nimmt er dich in seine Arme. – Dann geht er. Du schaust ihm nach, bis er weg ist. – Du richtest deinen Blick noch einmal aufs Meer und lässt diese Begegnung in dir nachklingen. – Du stehst auf, ein letzter Blick und du fliegst wieder los. Du siehst den Strand und das Meer noch einmal von oben, blickst zurück. – Dann geht es zurück über die Berge, – über die Täler, Felder und Dörfer. – Du siehst diese Stadt, dieses Haus und das offene Fenster dieses Raumes. – Du fliegst hinein und kehrst auf deinen Platz zurück, auf dem du gerade liegst bzw. sitzt. – Langsam bewegst du deinen großen Zeh, deine Finger, deinen Fuß – und langsam beginnst du dich zu rekeln, zu strecken, zu gähnen und deine Augen zu öffnen. Du bist wieder angekommen.

Einheit 5:

- Zettel
- Mittelgroßes Kreuz, um es in die Mitte zu legen (evtl. mit Nägeln und Hammer)
- Give-away: kleine Holzkreuze (Bei Amazon gibt es unter dem Suchbegriff »Kleine Holzkreuze« günstige Angebote, z.T. auch in Verpackungen mit 10 Stück.)

Einheit 6:

- Kerzen, Hintergrundmusik, um eine Gebetsatmosphäre zu schaffen; man kann auch in einen extra Gebetsraum gehen, wenn möglich
- Give-away: Wunderkerzen

Anmerkung: Wenn du bzw. die Gruppe noch wenig Erfahrung mit dem Heiligen Geist habt, ist es möglich, erfahrene Beter von außen zu diesem Teil einzuladen, die für euch beten.

Einheit 7:

- Je nach Aktion Kreppklebeband, Plakate (die die Stationen markieren und auf die man schreiben kann) und Eddings für jede Station. An fünf Stellen im Raum gibt es verschiedene Stationen, wo die Teilnehmer laut oder leise Fürbitte tun können. Jede Station sollte ca. 5 Minuten dauern.
    - Kerzen, Streichhölzer (für die Station »Menschen«)
    - Landeskarte/Stadtplan, Klebepunkte oder Stecknadeln (für die Station »das eigene Land«)
    - Weltkarte, Klebepunkte oder Stecknadeln (für die Station »ein fremdes Land«)
    - Kreuz oder Christusikone (für die Station »ein Herzensanliegen«)
- Give-away: Notizbüchlein für Dank und Fürbitten (Günstige

Notizbüchlein findet man bei Amazon unter dem Suchbegriff »Kleine Notizbücher« oder im Schreibwarengeschäft.)

Einheit 8:

- Je nach Aktion Gürtel, Brustpanzer, Stiefel, Schild, Helm, Schwert und Bibel
- Sinnvoll ist es, wenn jemand zum Proklamationsteil Gitarre spielt oder entsprechende Lobpreismusik im Hintergrund abgespielt wird.
- Give-away: Karte der Wahrheit (Es kann z.B. draufstehen: »Die Wahrheit über mein Leben ist …« – Die Teilnehmer tragen dann selbst ein.)

Einheit 9:

- Zettel
- Kerzen, Kreuz, Hintergrundmusik für die Aktion
- Give-away: Ringe (Bei Amazon findet man unter dem Suchbegriff »Fingerringe« eine große Auswahl an günstigen Ringen oder sogar Ringsets.)

Einheit 10:

- Give-away: Blumensamen

Einheit 11:

- Je nach Aktion Umfrageblätter mit Klemmbrettern zum Notieren oder große Plakate, Kreppklebeband und Eddings
- Im Raum sind insgesamt 6 große Plakate verteilt. Auf jedem steht ein Wort: Familie, Arbeit, Freizeit, Freunde, Kirche, meine Vision.
- Give-away: Rezept für Sauerteig

REZEPT SAUERTEIG

Zutaten:

- 250 g Roggenmehl 960
- 250 g Wasser

Zubereitung (über vier Tage):

Am ersten Tag 100 g Roggenmehl und 100 g Wasser in einer Schüssel vermischen. Diesen Ansatz gut verrühren und für mindestens 24 Stunden bei Zimmertemperatur stehen lassen. In den folgenden drei Tagen wird der Teig mit je 50 g Roggenmehl und 50 g Wasser weiter vermehrt. Nach dem Vermischen jeweils 24 Stunden bei Zimmertemperatur zugedeckt ruhen lassen. Am 5. Tag ist der Sauerteig fertig und kann zum Backen verwendet werden.[7]

Pixabay/Richard Klasovsky, London

7 nach: http://www.backenmitchristina.at/der-sauerteig/

Es sollte am Ende kurz abgesprochen werden, wie die Celebration in der nächsten Woche gestaltet werden soll – jeder kann etwas zum Essen beisteuern: Salate, Brote, Käse, Wurst, Fingerfood usw.
Wenn ihr euch für Aktion 2 in der nächsten Woche entscheidet, sollte jeder ein kleines Geschenk mitbringen.

Einheit 12:

- Dekosachen für das feierliche Essen
- Give-away: Urkunden
- Je nach Aktion am ersten Abend: Briefe an Gott (Können mit den Urkunden zusammen ausgeteilt werden).

URKUNDE

----

hat erfolgreich an der 12-teiligen Kleingruppe zum Thema

»Lifestyle Jüngerschaft«

teilgenommen.

Dazu gehört die Vertiefung folgender Themen:

- Das Vaterherz Gottes
- Identität und Selbstannahme
- Die Stimme Gottes hören
- Das Kreuz – Erlösung und Vergebung
- Die Person des Heiligen Geistes
- Fürbitte
- Der Sieg über die Gedanken
- Jesus als Herr und König
- Der Traum Gottes für dein Leben
- Leben im Königreich Gottes

....

Name des Leiters

....

Ort und Datum Unterschrift des Leiters